人生而自由却无不在枷锁之中

社会契约论

契约论

CONTRAT SOCIAL

DU

欧洲近代思想启蒙先驱**卢梭**的代表作

近现代民主政治的基石

中国纺织出版社有限公司

国家一级出版社
全国百佳图书出版单位

内 容 提 要

　　《社会契约论》是法国思想家让·雅克·卢梭于 1762 年出版的政治哲学著作，它既可以被视为法国大革命的文献，也可以被视为研究政治哲学最伟大的著作之一。《社会契约论》分为四卷：第一卷论述了社会结构和社会契约，第二卷阐述主权及其权力，第三卷阐述政府及其运作形式，第四卷讨论几种社会组织。《社会契约论》中主权在民的思想是近现代民主制度的基石。

图书在版编目（CIP）数据

　　社会契约论 /（法）让·雅克·卢梭著；袁韬，赵少伟，刘志宇译 . —北京：中国纺织出版社有限公司，2020. 5

　　ISBN 978-7-5180-6750-3

　　Ⅰ.①社… Ⅱ.①让… ②袁… ③赵… ④刘…Ⅲ.①政治哲学-法国-近代 Ⅳ.① D095.654.1 ② B565.26

　　中国版本图书馆 CIP 数据核字（2019）第 217873 号

策划编辑：顾文卓　　责任校对：王蕙莹　　责任印制：储志伟

中国纺织出版社有限公司出版发行

地址：北京市朝阳区百子湾东里A407号楼　邮政编码：100124

销售电话：010-67004422　传真：010-87155801

http://www.c-textilep.com

中国纺织出版社天猫旗舰店

官方微博 http://weibo.com/2119887771

三河市延风印装有限公司印刷　各地新华书店经销

2020年5月第1版第1次印刷

880×1230　1/32　印张：7

字数：155千字　定价：45.80元

凡购本书，如有缺页、倒页、脱页，由本社图书营销中心调换

导 读

想要研究历史上伟大的作家和思想家，历史的想象力尤为必要。不了解他们所处的生活环境，我们就不能透过无关紧要且暂时的思想价值深入了解到绝对且永久的思想价值。理论和行动一样，也受到这些必要性的制约。人们的思考形式和他们的行为方式一样，都是他们所培养的思维和行为习惯的结果。伟人们确实对他们那个时代的知识做出了自己的贡献，但是他们永远无法超越他们所处的时代。他们试图回答的问题总是同时代的人所提出的；他们对基本问题的陈述将始终与传授给他们的传统说法相关联。当他们在陈述使人感到惊诧的新鲜事物时，他们最有可能以一种陈旧的形式把它表达出来，并利用传统中不充足的思想和方案来表达他们正在探索的更深层次的真理。即使他们可能会超越自己所处的时代，他们身上仍然不可避免地会留有时代的印记。

卢梭被没有历史感的批评家批评，他被同样缺乏理解力和想象力的民主者和压迫者或赞扬或贬低。他的名字，在《社会契约论》出版 150 年后，仍然是一个具有争议的话题。他是法国最伟大的作家之一；但是由于政治偏见，人们现在也倾向全盘接受或否定他的政治学说，而不是加以筛选或试图理解和区别对待。作为引发法国大革命最重要的作家，他仍会得到人民或尊崇或憎恶的情感。

如今，他的作品具有双重意义。它们不仅具有重要的历史意义，可以让我们洞悉 18 世纪的思想，而且对欧洲的发展也有实际影响。当时的确没有任何一位作家能像他那样具有如此大的影响力。他堪称是艺术、文学和生活领域的浪漫主义运动之父；他对德国浪漫主义和歌德本人也产生了深刻影响；他开创了一种新的、已经渗透到 19 世纪文学之中的反思方式；他开创了现代教育理论；最重要的是，在政治思想上，他代表了从根植于中世纪的传统理论到现代国家哲学的过渡。他对康德的道德哲学和黑格尔的权利哲学的影响，是对现代思想所做出的重大贡献的具体体现。事实上，他是德国和英国理想主义的伟大先驱。

在简短的介绍中，既要阐述卢梭思想的积极内容，又要论述他对事物的实际影响是不可能的。从罗伯斯庇尔开始，法国大革命的政治家们自始至终都深受卢梭作品的影响。虽然他们似乎总是误解他的意思，但总的来说，他们还是很专注地研究他的思想。在 19 世纪，人们对卢梭的思想仍有很大的兴趣，但他们通常不了解他或没有深入研究他的思想。德雷福斯 – 布里萨克曾经说过："《社会契约论》是所有书中被谈论得最多、读得最少的一本。"但随着人们对政治哲学兴趣的复苏，他们想要深入地理解卢梭的著作。人们以卢梭作为一位思想家的身份对他展开研究，而不是作为一个盟友或对手；人们更热衷于从谬误中筛选真理，从《社会契约论》中寻求"政治权利原则"，而不是寻求这位伟大革命者对他从未考虑过的情况的看法。

因此，《社会契约论》既可以被视为法国大革命的文献，也可以被视为研究政治哲学的最伟大著作之一。它以第二种身份作为一部具有永恒价值的真理之作，在全世界的伟大著作之中占有一席之地。本序言也将以这种身份对其进行探讨。由此来看，我们对历史洞察力的需要并不亚于我们单纯地以历史学家的身份来洞察历史。要理解它的价值，我们就必须领会它的局限性；当它所回答的问题不合常理时，我们决不能断定它们毫无意义；当问题以一种更新颖的形式被提出时，我们必须思量一下答案是否仍然成立。

首先，我们必须牢记卢梭是在 18 世纪进行创作的，而且大部分是在法国。法国的君主政体和日内瓦的贵族阶层都不喜欢直言不讳的批评，所以卢梭的言谈总是非常谨慎。对于一个因发表颠覆性学说而遭受长期迫害的人来讲，这似乎是一种奇特的说法。但是，尽管卢梭是他那个时代最为大胆的作家之一，他还是被迫谨慎地注意自己的言辞，并且通常是笼统概括而不是对个别滥权加以抨击。卢梭的理论常被指责过于抽象和形而上学。在许多方面，这一点具有巨大优势；但如果过于冗长，则应归咎于偶然。一般来说，在 18 世纪，笼统概括是安全的表达方式，而详细阐述是危险的。怀疑和不满是知识分子阶层的普遍情绪，目光短浅的专制主义认为，只要知识分子受到一定的限制，他们就构不成威胁。颠覆性学说只有受到群众推崇时才被认为是危险的，而哲学被认为是无能为力的。因此，18 世纪的知识分子总是尽情地进行笼统概括，却很少为他们的犯上言论付出代价，伏尔泰就是一个典型的例子。这些方法在当时备受推崇，因此卢梭的选择也就不足为奇。但他的言论带有一种明显的特定用途，并且很明显地受到当时对政府的态度的启发，以至于哲学在他手中也会变得不安全，并且他因人们在他作品里读到的言外之意而受到攻击。卢梭之所以成为现代政治哲学之父，是因为他具有对内容和现实状况的概括能力。他利用当时的方法只是为了超越它；他从一般和抽象事物之中创造出具体和普遍的事物。

其次，我们不能忘记，要在一个更为广阔的历史环境中对卢梭的理论展开研究。如果说他是第一个现代政治理论家，那么他也可以称得上是最后一个文艺复兴时期的理论家，而这一时期的理论家们继承、改变了中世纪的思想观念。很多批评家把大量时间浪费在证明卢梭缺乏原创性上，仅仅是因为他们采取孤立的手段来鉴定原创性：他们首先对《社会契约论》本身进行研究，脱离了与早期作品的联系，之后又发现这些早期作品与《社会契约论》相似，然后就认为它所表述的一切内容都是借用来的。如果他们以真正的历史精神展开研究，他们就会看到卢梭的重要性就在于他对旧思想的新运用，在于他对一般政治概念上从旧到新的过渡。没有任何一位创新者能够有如此大的影响力或触及如此多的真理。理论没有大的飞跃，它通过对旧观念的调整和革新而产生新观念。正如神学作家，从胡克到波舒哀，在政治领域使用圣经术语和思想；正如更多的现代作家，从黑格尔到赫伯特·斯宾塞，使用进化理论一样，卢梭使用了社会契约理论的思想和术语。在他的作品中，我们应该感觉到他努力把自己的理论从毫无生气和陈腐的东西中解放出来，同时他理论的发展富有成果。解读卢梭思想时，太拘泥于字句很容易将其归结为仅仅具有"历史价值"；如果我们以一种真正的历史精神来对待它，我们将能够立即欣赏到它暂时和持久的价值，看到它如何为同时代的人们服务，同时从中认识到那些对我们可能具有永存价值的东西。

卢梭的《爱弥儿》是所有关于教育的著作中最伟大的一部。而本书收录了他最重要的政治著作。它代表着他思想的成熟，而其他作品只是证明了他思想的发展轨迹。卢梭生于1712年，直到1750年才发表了重要著作。但在《忏悔录》中，他告诉我们，1743年，他在威尼斯大使馆工作时，就已经有创作一部关于政治制度的鸿篇大论的想法了，然而，似乎在这项工作上进展甚微，直到1749年，他偶然发现第戎学院为求得一个问题的答案所设置了奖项，这个问题就是："艺术和科学的进步究竟会败坏还是净化社会风尚？"他的旧思想又汹涌而来。他对自己像巴黎启蒙家那样所过的生活感到厌倦，因此写了一篇言辞猛烈、抨击当政的文章。次年，该作品被第戎学院授予奖项并出版。他的成功是瞬时间发生的，可以说是一夜成名，他成为巴黎文坛的"王者"。但是他的作品受到了教授、作家、偏激的神学家甚至是波兰国王的驳斥。卢梭力图回答他们的所有问题，在与他们的争论中，他的思想也得以发展。从1750年到1762年《社会契约论》和《爱弥儿》出版，他逐渐形成了自己的观点。在这12年里，他对政治思想做出了独特的贡献。

《论科学与艺术》是卢梭最早期的作品，其本身并不是十分重要。但卢梭在《忏悔录》中提出了自己对这部作品的观点："它充满了温暖和力量，完全没有逻辑和秩序；在我所有的作品中，它的论据是最弱的，也是最不和谐的。但是，无论一个人生来具有什么样的天赋，他都不可能在短时间内学会写作。"这种评判是公正的。《论科学与艺术》并不是合理或客观公正的作品。它是一个倡导者的讲话，十分片面、武断，其片面性是如此明显、幼稚，以至于我们难以相信它整体的严肃性。它只是一种相当精彩但不足为信的修辞手法的尝试，一种诡辩的即兴创作，但对思想并没有重大贡献。达朗贝尔甚至用《百科全书》的序言来对其进行反驳。然而可以肯定的是，这一著作使卢梭声名鹊起，确立了他在巴黎学界的崇高地位。《论科学与艺术》的本质上其实很简单：它从现代国家的恶劣、伤风败俗和苦难出发，追溯所有这些弊病，到"自然"状态的脱离，然后认为艺术和科学的进步可归功于这种脱离。其中，卢梭已经拥有了理想的"自然"思想；但那时他没有区分非自然事物之中的好与坏。他只是在利用一个单一的想法，尽情地把它表达出来，忽略了它所具有的局限性。《论科学与艺术》很重要，但不是因为它包含了任何积极学说，而是因为它对卢梭思想的发展起着关键作用。在这里，我们看到他开始了漫长的思想旅程，并最终走向了《社会契约论》。

1755 年，《论人类不平等的起源和基础》一书问世，这也是卢梭的第二部作品。这篇文章没能在 1753 年夺得第戎学院颁发的第二个奖项，于是卢梭以对日内瓦共和国的长篇献词为序发表了这篇文章。在这部作品中，他的风格和思想取得了巨大进步。为感谢卢梭的赠阅本，伏尔泰把它称为"第二部反人类作品"。他不再满足于只是把一个单一的想法推向极端，而是倾向于保持自然状态和社会状态之间的广泛对立，这贯穿于他的所有作品之中，他想要为他的观点找到一个合理的理由，并且承认有批评的声音也在所不惜。此外，在他的理论中，"自然"的概念已经取得了巨大发展：它不再是一味地抨击社会弊病，而是具有了积极的内容。因此，《论人类不平等的起源和基础》中有一半的内容都是对自然状态的想象，在这其中，人的思想受到了严格的限制，他们不需要同伴，也不关心别人，只关心眼前的需要。卢梭不认为"自然状态"曾经存在过：它是一个纯粹的"理性观念"，一个从"社会状态"中抽象出来的有效观念。与"社会人"相对，"自然人"被剥夺了社会赋予他的一切，是一个从抽象过程中形成的生物，从来没有打算成为历史肖像。《论人类不平等的起源和基础》并不赞成这种完全抽象的存在，而认为其是一种介于"自然"和"社会"条件之间的野蛮状态。在这种状态中，人们可以保持自然的质朴和优势，同时获得早期社会粗野的舒适和安宁。在《论人类不平等的起源和基础》的一个注释中，卢梭进一步解释了他的立场。他说，他不希望现代腐败的社会回归到自然状态：腐败现象已十分猖獗；他现在唯一的愿望是，人们应该更加明智地使用毁灭性艺术来减轻他们所犯的错误。他认识到社会的回归是不可避免的，并已经在摸索着为其正名。《论人类不平等的起源和基础》代表了他的政治思想的第二阶段：自然状态和社会状态的对立仍然十分鲜明；但是，前者的图景已经很丰富了，卢梭只有对社会状态的基本含义进行更为深刻的观察，才能使他的思想达到成熟。

现代批评家经常指责卢梭在《论人类不平等的起源和基础》中追求的是历史方法，但实际上却完全不是。但是必须牢记这一点，他本人并不强调他作品的历史观；他自称正在构建一幅纯粹的理想图景，而不是在描绘人类历史上的任何实际阶段。使用错误的历史概念是 17 世纪和 18 世纪的特征，卢梭没有过于强调这些历史概念的重要性，因此他受到的赞扬要多于批评。

1755 年在《百科全书》中发表的《论政治经济学》是在《论人类不平等的起源和基础》之前还是之后这一问题仍然没有明确的答案。乍一看，前者似乎更像《社会契约论》的行文方式，并且包含了本质上属于卢梭思想建设时期的观点。但是从这一点断定它的创作日期较晚是不可靠的。《论人类

不平等的起源和基础》在很大程度上仍像获奖文章那样缺乏修辞；它的目的
与其说是严密的推理，不如说是有效和通俗地陈述一个案例。但是，细心的
读者可以从字里行间发现，《社会契约论》吸收了许多积极学说。特别是在
对政治基本问题进行概括性论述的结尾处，我们在某种程度上已经步入了他
后期作品的氛围之中了。事实上，几乎可以肯定的是，卢梭从未试图将他政
治理论的任何积极内容纳入他前两部著作之中。它们不是为了最后阐述他的
观点，而是为了进行部分和初步研究，其意图的破坏性要远大于建设性。显
然，当他最初构思"政治体制"时，不可能认为所有社会在本质上都是坏
的。他从一开始就打算研究人类社会和制度的理性方面，他因参与第戎学院
的评选而偏离了他的主要目的，而不是被诱导去思考政治问题。因此，在
《论人类不平等的起源和基础》之前创作的作品，体现了《社会契约论》的
理论萌芽，这并不令人感到意外。《论政治经济学》尤为重要，因为它第一
次对"公意"理论进行了概述。我们不难看出，卢梭谈论的"政治经济学"
和我们今天所说的不完全一样。他首先谈论了国家的基本性质以及使国家存
在和人类自由相协调的可能性，然后又对税收原则进行了深入研究。他自始
至终都在思考"公共"经济意义上的"政治"，认为国家是公共财政的提供
者，而不是执行者。他认为国家是为其全体成员谋福祉的机构，国家所有的
税收都是为了实现这一目标。只购买生活必需品的人不应该纳税；奢侈品应
当缴纳附加税种；每一种奢侈品都应该征收重税。这篇文章的第一部分更加
有趣，卢梭首先打破了经常被夸大的国家和家庭之间的类比，他指出，国
家在本质上不是也不可能是父权制的，然后进一步指出，国家的存在在于
其成员的公意。《社会契约论》的基本特征在《论政治经济学》中屡见不鲜，
其并不是得自于某种乍现灵感的新发现。读过《论政治经济学》之后，我们
很可能会认为卢梭政治思想的成熟时间要远远早于人们普遍认为的时间。

　　《社会契约论》终于在 1762 年与《爱弥儿》一并问世。因此，在各方面

这一年都代表着卢梭事业的顶峰。从此以后，他只创作出有争议的和自白性的作品。在这一阶段他的理论得到了发展，同时他也向世界表达了他对政治和教育基本问题的看法。现在我们想要知道，卢梭的思想体系最终在其成熟时期达到了什么程度。《社会契约论》实际上包含了他全部的政治建设理论；为了充分理解，读者在阅读时要考虑它与其他作品之间的联系，特别是《爱弥儿》和《山中来信》（1764），但是它的主要内容是独立和完整的。标题充分限定了它的范围。它被称为《社会契约论或政治权利原理》，第二个标题是对第一个的解释。卢梭的目标不是像孟德斯鸠那样，以一种普遍的方式来处理现存国家的实际制度，而是制定构成每一个合法社会基础的基本原则。卢梭在《爱弥儿》第五卷中明确指出了二者的区别。他说："孟德斯鸠并不打算讨论政治权利原则；他满足于探讨现存政府的积极权利（或法律）；没有哪两项研究能比这两项更为不同。"卢梭认为他的目标与《论法的精神》大为不同，曲解他的意图必是有意为之。当他说"事实（即政治社会的真实历史）与他无关"时，他并没有蔑视事实；他只是在坚持一个确定的原则：事实在任何情况下都不会产生权利。他的愿望是在纯粹权利的基础上建立社会，以便立即反驳他对社会的攻击并强化他对目前社会的抨击。

这一点是以政治理论方法的全部争论为中心的。撇开心理学家不谈，从广义上讲，存在两派政治理论家。其中一派旨在通过收集事实对人类社会实际发生的事情做出广泛概括，另外一派则试图洞察人类结合之根源的普遍原则。对于后一种目的，事实也许有用，但事实本身并不能证明什么。问题不在于事实，而在于是否正确。

卢梭本质上属于这一哲学流派。正如批判他哲学的批评家所认为的那样，他不是一位能够从想象的历史事件中进行概括的抽象思想家；他可以称得上是一位具体的思想家，他试图超越那些无关紧要的东西，进而转变为探讨人类社会永恒不变的基础。像格林一样，他也在寻找政治义务的原则，除此之外其他所有原则都是次要和派生的。必须找到一种社会形式，能够利用全体的力量来捍卫和保护每位成员及其财产。这种社会的性质是，与所有人都相关联的每一个人仍遵从自己的心愿，仍和之前一样自由。这是一个基本问题，《社会契约论》为其提供了解决方法。政治义务问题包含了所有其他政治问题，这些问题都是在以政治义务为基础的制度中产生的。卢梭问道，国家意志对于我来说仅仅是一种强加在我自己意志之上的外在意志，那么它有什么作用呢？国家的存在如何与人类自由相协调呢？生而自由的人怎能处处都受到束缚呢？

若不是他的学说总是被奇怪地表达出来，人们应该可以立刻理解《社会契约论》的核心问题。我们知道，这种奇怪的表达是因为卢梭的历史地位，他对当时政治概念的运用以及他建立在前人基础之上的自然倾向所造成的。许多人对卢梭的看法仅是来自《社会契约论》第一章的第一句话，"人生而自由却无不在枷锁之中"。但是他们告诉你，人并不是生而自由的，即使他在任何地方都身戴枷锁。因此，我们从一开始欣赏卢梭就会遇到很大的困难。我们会说"人应该是自由的"或者"人为自由而生"，而他更喜欢说"人生而自由"，借此他也表达了相同的意思。毫无疑问，用他的话说，这是对"黄金时代"的呼吁；但不可否认，这个黄金时代是虚构的，就像大多数人与生俱来的自由一样。卢梭在其他方面也提出了我们自己可能也会提出的观点。"确定无疑的是，所有在奴隶制度下出生的人，生来都是奴隶……但如果有天生的奴隶，那是因为曾经有过违背自然的奴隶"（《社会契约论》第一卷第二章）。

我们已经看到，"自然状态"与"社会状态"的对比贯穿于卢梭的所有作品之中。《爱弥儿》是对"自然"教育的呼吁；《社会契约论》是对社会"归化"的呼吁；《新爱洛伊斯》是浪漫主义者对人际关系中更多"自然"的呼吁。那么，这种对比在卢梭成熟的政治思想中处于什么地位呢？显然，它的地位和《社会契约论》中的有所不同。他在书中只设想了现实社会的缺点；如今，他关心的是理性社会的可能性。他想要证明从"自然"到"社会"的转变是正当的，尽管这会让人身陷囹圄。他正在寻找真正的社会，让人们"像以前一样自由"。总之，自然观在《社会契约论》中所占的比例很小。在卢梭驳斥错误的社会义务理论且尚有争议的章节中，这是必要的。但是，当他把那些虚假的先知撇在一边之后，他也就让自然的概念与其一起剔除出去，只关心给予社会他所承诺的理性认可。显然，无论如何，在政治事务中"自然状态"对他来说只是一个有争议的术语。实际上，他已经抛弃了他所坚持的人类黄金时代理论；在《爱弥儿》中，他利用了自然的概念，将这一概念得到了全面扩展和深化。尽管在许多篇章中他还坚持使用陈旧的术语，他所谓的"自然"在这一时期不是指事物的原始状态，甚至也不能简化为简单的术语：他正将"自然"的含义向成熟的理念过渡，这与他能力的全面发展轨迹相一致，使这一概念具有更高的人类自由理念。这种观点甚至可以在《论人类不平等的起源和基础》中看到萌芽，其中区分了自尊和利己主义。卢梭认为前者，即"自然"人的财产，不在于对自我扩张的渴望，而在于对伴有慈爱之心的合理渴望与满足；利己主义是指我们自己的利益优先于他人的利益，而自尊只是让我们与同伴处于平等的地位。诚然，卢梭在《社会契约论》中反对培养人的许多能力；但他同样主张充分培养那些他认为是"自然"的"好"的能力。《社会契约论》中所设想的"社会状态"不再与《爱弥儿》中所主张的"自然状态"相矛盾，在《爱弥儿》中，社会环境是最重要的，尽管未成年人被排除在外，但他仍在为此而努力。事实上，《社会契约论》中的观点在《爱弥儿》第五卷中得到了总结，也借此强调了卢梭的思想体系在本质上是统一的。

用《社会契约论》的第一句话来解释，卢梭的目标"是询问在社会秩序中是否可以有任何确定无疑的管理规则，以人为本，以法为本"。孟德斯鸠推崇以法为本，并且见证了法律造就了什么样的人；卢梭坚持以人为本，从而建立了人类自由体系，并且认为他自己决定其满意的法律。他在人类自由本质这一问题上表明了自己的立场：他的整个体系都建立在此基础之上，使社会公意成为每个社会的唯一基础。

在阐述自己的理论时，卢梭始终使用了三个一般概念，它们是社会契约、主权和公意。我们有必要对每一个概念依次探讨。

社会契约理论和希腊的哲学家一样古老（参见柏拉图《理想国》第二卷和《高尔吉亚篇》），也同样难以捉摸。它以最为对立的观点，并以不同的形式应用于每个问题的正反两面。它经常出现在中世纪作家和文艺复兴理论家的作品之中，到了 18 世纪，在一个更为广泛的概念出现之前，它就已经临近衰落了。重溯它的历史将是一项漫长且费力不讨好的任务：也许，它在里奇著作《达尔文、黑格尔与其他研究》里的一篇论文中得到了最好的阐释。在研究卢梭对社会契约理论的特殊利用之前，仅从其最为普遍的方面来看待它尤为重要。显然，这是一个很容易以某种形式得出的理论。无论在任何地方，只要存在任何形式的政府（除最轻微的专制统治之外），对国家基础的反思必然会导致这样一种观念：在某种意义上，国家是建立在其成员同意、过去或现在的默许或明示的基础之上的。仅就这一点，社会契约理论的大部分内容已经具有潜在性。再加上为事实论寻找正当理由的愿望，特别是在历史意义最为模糊的时代，这种同意原则必将在某种历史背景中产生。此外，如果有一种倾向认为社会对人类来说是不自然的东西，这种倾向将变得不可抗拒。几乎各个流派的作家都认为，国家是在某个遥远的时代由两个及以上当事人之间达成的合同（更为精确的法律术语为契约）中产生的。唯一能够抵制这一学说的阶级是那些维护神圣王权的阶级，他们认为所有现存政府都是由上帝直接干预强加给人民的。所有反对这一点的人都将是某种形式的社会契约理论支持者。

因此，在它的支持者中发现持有极其对立观点的作家也就不足为奇了。勉强地说它只是一种方案，可以用从专制主义到纯粹共和主义的任何内容来填充。而且，包括它的支持者在内的一些人认为，它是一种有利有弊的武器。当我们看到它的主要种类起作用时，我们就可以更好地判断它的有用性。

所有明确的社会契约理论都归属于两个范畴中的一个。它们代表的社会是建立在人民和政府之间或组成国家的所有个人之间的原始契约之上的。从历史进程来看，现代理论从第一种形式发展到第二种形式。

社会是在人民和政府之间的契约基础上建立起来的，这一学说可以追溯到中世纪。它经常得到《旧约全书》的支持，其中包含了一个以非反思形式构成的类似观点。16 世纪的大多数伟大政治作家也都支持这一学说：在布坎南和詹姆斯一世的作品中，在格劳秀斯和普芬道夫的著作中，这一学说一直延续到 17 世纪。有人认为格劳秀斯陈述了这一理论以便承认契约的两种形式；但很显然，他只考虑了第一种形式，即承认民主和君主制政府。1688 年召开的国会明确指出，詹姆斯二世"试图通过破坏国王和人民之间达成的原始契约来颠覆王国宪法"。霍布斯站在保皇派一边以第二种形式来维护契约理论，而国会议员阿尔杰农·西德尼拥护人民和政府之间达成的契约。

在这种形式下，该理论显然存在相反的解释。人们可能认为，人民既然把自己彻底交给了统治者，就无权再向统治者提出要求，而且必须屈服于他们的任何指令。然而，这不是通常能够从中得出的含义。这种形式的理论起源于同时也是律师的神学家。他们对契约的看法暗示着相互的义务；他们认为，按照宪法规定，统治者有义务治理国家。旧观念认为，国王不能违反国家的神圣传统，这很容易就变成了国王不能违反他自己和人民之间达成的原始契约。就像诺曼王朝统治时期一样，人民对更多自由的每一次呼吁都以要求的形式表达出来，这一要求就是忏悔爱德华时期的"美好旧时代"传统应该得到尊重。所以在 17 世纪，每一种大众主张或反抗都会陈述为请求国王不要违反契约。这一要求很受欢迎，似乎背后有理论家的支持。在《论人类不平等的起源和基础》和《社会契约论》的第三卷第十六章中，卢梭对这一点进行了反驳（参见第一卷第四章）。他的抨击也和霍布斯的理论有关，霍布斯的理论在某些方面与第一种观点相似；但至少在形式上，它是针对这种形式的契约。考虑了第二种观点后，将有可能更仔细地审视它。

第二种观点，称之为社会契约理论更合适，认为社会起源于或基于构成社会的个体之间的协议。不太明确的是，这一理论似乎最初出自理查德·胡克的《教会组织法》，洛克在很大程度上借鉴了他的思想；在弥尔顿的《论国王和官吏的职权》、霍布斯的《利维坦》、洛克的《政府论》和卢梭的作品之中，它以不同的形式重现。最著名的例子出自 1620 年五月花号上的朝圣者们，他们在宣言中写道："我们在上帝和彼此的见证下，庄严地共同定下盟约并结合成一个公民政体。"这一观点的自然含义似乎是卢梭提出的完全人民主权的必然结果。但在卢梭之前，它被用来支持各种观点，就像那些基于第一种形式的观点一样。格劳秀斯的巨著《论战争法权与和平法权》到底倡导了这两种理论中的哪一个，人们已经对此表示怀疑。从历史进程看，第一种理论是民众反对皇室侵犯的一种手段。人民和政府之间的契约行为一旦被纳入大众政府的考虑范围，就变成了仅是构成社会的个人之间的契约，并且很容易转化为第二种形式。

第二种理论以其普通形式只表达了这样一种观点，即人民在任何地方都是至高无上的，用弥尔顿的话说就是，"国王和官员的权力只是衍生出来的"。然而，在这一观点形成哲学理论之前，霍布斯已经利用它来支持完全相反的原则。霍布斯赞同原始契约是构成国家所有个人之间的结合的纽带，而政府并未参与到契约中；但他认为，人民不仅同意建立一个国家，而且同意把国家管理的权限授予某个或某些人。他同意人民自然是至高无上的，但他认为人民因契约而转让了其主权，并将其权力完全且永久地委托给政府。因此，一旦国家建立起来，政府按照霍布斯的观点来说就是君主；从此不再有人民主权的问题，而只有被动服从的问题：依据契约，人民有义务服从于统治者，无论他治理得好坏。人民已经把他们的所有权力都转让给了主权者，因此，他成为绝对的主人。生活在内战时期的霍布斯认为最糟糕的政府也要好于无政府状态，因此，他极力支持任何形式的专制主义。我们很容易在这个体系中找出漏洞，并且看到一位尽责的霍布斯主义者会遇到革命带来的困难。因为一旦革命者占了上风，他将不得不对自己的一个原则做出牺牲：他将不得不站在反对目前临时统治者或合法主权者的一方。我们也很容易看到，即使自由的转让对于个人来说是可能的并且卢梭对此持否定态度，但是他也不能束缚他的后代。尽管霍布斯的观点存在种种缺点，甚至可以说有些冷酷无情，但总体上还是令人钦佩、合乎逻辑的，卢梭对此也做出了很大的贡献。

在霍布斯看来，社会契约理论的第二种特殊形式乍一看很像两种契约的结合，最终成为一种单一行为。但他没有采纳这种观点。我们已经看到，政府和人民之间的契约理论主要被用来支持人民自由和反对政府。霍布斯的总体目标是使政府拥有至高无上的权力，但他只能通过将政府排除在契约之外来实现：因此，他没有赋予政府任何义务，而是使其成为专制且不负责任的政府。事实上，他不仅确保了一个对于个人而言拥有无限权力的国家，而且确保了一个有权执行这些权力的决策机构。他的理论不仅是国家主义，这是纯粹的专制主义。

显然，如果这样的理论得到支持，它就和霍布斯与格劳秀斯的观点相一致：一个人不仅可以转让他自己的自由权，而且可以转让他后裔的自由权。因此，一个民族也同样可以这样做。洛克和卢梭都抨击了这一观点。洛克的主要目的是为 1688 年革命辩护，使政府不仅依赖于它的制度，而且还需要依赖于被统治者的许可。他还认为，统治者如果实行暴虐统治，则有可能被取代。但是，他没有提供任何具有革命性的机制来为公众表达意见提供便利，而且从整体上看，他似乎认为民众的许可基本上是默认和假定的。他认为国家的存在主要是为了保护生命和财产安全，而且在他所有关于人民权利的主张中，他都非常谨慎，以至于把这些权利几乎化为乌有。直到我们谈到卢梭，契约理论的第二种形式才以其最纯粹和最合乎逻辑的形式被表达出来。

卢梭清楚地认识到，如果民众对政府的许可不只是一种说法，那么就有必要赋予它一些宪法上的表达方式。对于洛克的默许理论，他用定期更新的积极协议来代替。他带着崇敬之情回顾古希腊城邦，在他那个时代，他对瑞士的自由城市伯尔尼，尤其是他的故乡日内瓦，仍怀有崇敬之情。由于在他那个时代的欧洲没有任何代议制政府进行民主行政，他无法设想在一个单一民族国家中能够找到实现这一积极协议的方法；因此他认为，除了城市之外，自治是不可能的。他希望分裂欧洲的单一民族国家建立独立城邦的联邦制联盟。

卢梭未能成为现代国家的理论家，但这对于其政治理论的总体评价却没有多大影响。从本质上讲，国家在任何地方都必须具有相同的基础，从最简单的方面来说，他能够比他的前辈们更好地揭示出"社会纽带"的真实本质，这是他经常在《社会契约论》中使用的另一个名称。他关于政治义务的基本原则的学说包含了所有伟大现代作家的学说，从康德到博桑奎特先生。如果说这一重要统一已经变得模糊难懂，那只是因为批评家们未能将社会契约理论置于卢梭思想体系的适当位置。

这个理论已经是老生常谈。几乎所有人都认为这一契约具有历史真实性，但实际情况却大相径庭。一般来说，一个作家的理性基础越弱，他对历史的吸引力就越大，并能够得益于此创造历史。因此，卢梭必然要把他的理论转化为契约形式。在他那个时代，的确有一些作家嘲笑这种契约，但他们并不是那些构建了一套政治哲学体系的作家。从克伦威尔到孟德斯鸠和边沁，都是有实际头脑的人，对不切实际的假说缺乏耐心，因而拒绝接受契约思想。理论家们像维多利亚时代的人一样一致赞成"有机"理论。但是，根据后续事件对他们进行批判，我们就能够更好地判断社会契约在他们政治体系中的地位。我们看到，洛克的默许学说使民主控制如此不真实（如果国家想要加以控制的话），以至于他被迫使他的契约基于史实，使子孙后代永远地紧密结合在一起。此外，他还承认了人民和政府之间的准契约，作为对民众自由的第二次辩护。另一方面，卢梭没有把任何重要论点建立在契约历史性的基础上，显然他不相信契约的历史性。他问道："（从自然到社会）这种变化是如何发生的？"他回答说不知道。此外，他的目标是找到"一个可靠合法的管理规则，做到以人为本、以法为本"；也就是说，他的社会契约存在于任何合法社会中，但在任何形式的专制统治中都将被搁置。显然，他指的是政治联合的基本原则，这是实现统一的基础，使我们不再目无法纪，最终实现政治自由。这一学说以社会契约理论的准历史形式出现是由于卢梭创作时间和地点的偶然性。同时，这个概念的重要性在其消亡的痛苦之中体现得淋漓尽致。近百年来，尽管没人承认它的历史意义，但是人们很难找到任何其他语句能够或更好地解释政治联盟基础，直到今天，契约理论的说法仍然存在。如此重要的概念不可能是空洞无意义的。

事实上，卢梭认为契约理论只是阐述政治联盟基础的三种不同方式之一。当他以准历史的方式思考时，他将自己的学说描述为社会契约论。现代人类学试图用简单的方式来解释复杂的事物，往往偏离了历史和理性的正道。在半合法方面，他使用法律学术语（如果不带立场的话）以人民主权的形式重申了这一学说。这种用法往往会过渡到第三种更加哲学的形式。"主权就是行使公意。"在哲学上，卢梭的学说认为，国家不是建立在任何原始惯例和决定权之上，而是建立在其成员的生存和持续的理性意志之上。我们现在首先要研究主权然后才是公意，这基本上是卢梭的指导思想。

主权首先是一个法律术语，人们经常认为，在政治哲学中使用主权只会导致混淆。在法学中，奥斯汀的著名定义中赋予了它十分明确的含义。主权者是"拥有决定权的人类优越者，不习惯服从于其他优越者，而习惯接受国民的习惯性服从"。从这种观点来看，主权的归属纯粹是一个事实问题，而不是一个权力问题。我们只需要在一个特定的社会中找出拥有决定权的具有优越性的人，我们就拥有了主权者。尽管这是一个有价值的观点，但仅仅表明这样一位拥有决定权的优越者比较罕见是不充分的。例如，英格兰或大英帝国的主权者在哪里？是那被称为拥有至高权力的国王，还是拥有立法权的议会（奥斯汀认为君主是法律的来源）？选民或全体人民是否拥有选举权？显然，这些都会影响法律的制定。最后，现在是内阁了吗？对奥斯汀来说，这些群体中的一部分将会无决定权（民众），而另一部分将会负有责任（内阁）。但我们应该把下议院或那些选出它的人们视为君主的一部分吗？寻求一位拥有决定权的君主可能是一个有价值的法律概念，但这显然与政治理论无关。

因此，必须区分法学中的法律君主和政治哲学中的政治君主。即便如此，政治君主可能是什么，目前还不清楚。一个国家的政治权力实际上掌控在一个或几个人手中吗？它仅是体现社会意志的实际制度的综合体吗？这将使我们仍停留在权利和哲学之外的事实领域。从哲学意义上讲，君主既不是名义上的，也不是法律上的，更不是事实和常识上的政治君主；它是社会组成联盟中基本纽带而产生的结果，是社会契约论的重述，是共同意志的预示。君主是国家机构的组成部分，政治权力应该永存其中，这种权力的权利也确实永存其中。

因此，哲学上的主权概念背后的理念，本质上与社会契约论的基础相同。无论人民能否转让其权力，他们仍是自己命运的最终主宰，具有无需上诉的最终权力。从某种意义上来说，霍布斯也承认这一点，他认为其专制君主（也就是奥斯汀所说的"拥有决定权的人类优越者"）的权力首先产生于本质上是一种大众行为的社会契约。霍布斯和卢梭在这一问题上的分歧仅仅在于，卢梭认为至高权力是无法转让的，而霍布斯使人们在第一次共同行动中就将其转让了。也就是说，霍布斯在名义上接受了民众至上理论，但实际上却将之摧毁；卢梭主张唯一逻辑形式的理论，并且不会通过错误的历史假设来逃避它。在洛克的著作中，法律君主和实际君主之间已存在区别，洛克称之为"最高权力"；卢梭将霍布斯的专制主权和洛克的"大众许可"统一为"大众主权"学说，并由此确立了该理论的形式。他的观点代表着从对霍布斯的曲解到中世纪和文艺复兴作家已经熟悉的学说的回归。但这不仅仅是一种回归，在其回归过程中，这一观点已经在一套完整政治哲学体系中占有一席之地。

在第二个重要方面，卢梭把自己和霍布斯区分开来。对于霍布斯来说，主权者等同于政府。他如此热衷于专制主义，很大程度上是因为他认为革命——推翻现有政府同时也意味着政体的解体，以及回归到无政府状态或"自然状态"。卢梭和洛克在某种程度上通过至高权力和政府之间的尖锐分歧来应对这一观点。对于卢梭来说，它们有明显的区别，即使一个完全民主的政府也不是同时拥有主权；其成员只是以不同的身份、作为不同的法人团体享有主权，正如两个不同的社会可能以相同的成员出于不同的目的而存在。然而，正如卢梭所说，纯粹的民主，即由全民组成的政府，不会成为一个人类机构。所有政府的性质都很复杂；我们所称的民主并非是完全民主的政府。因此，某种程度上，政府总是掌握在选定的人手中。另一方面，他认为主权是绝对的、不可转让的、不可分割的以及不可摧毁的。它不能够被限制、放弃、分享或摧毁。掌控国家命运的权利最终属于全体人民，这是社会生活的重要组成部分。显然，在社会的某个地方一定会存在一个最终上诉法院，不论它是否具有决定权；但是，除非将主权与政府区分开来，否则以君主名义选出的政府必然会被认为是专制政府。因此，避免霍布斯的结论的唯一方法就是在两者之间建立一个明确的界限。

卢梭试图通过改编"三权分立"学说来实现这一点。但是，他没有让三个独立的权力机关分享最高权力，而是只让两个权力机关分享，并且使其中一个完全依赖于另一个。他取代了立法、行政和司法机关之间的协调合作，在这一体制中，立法权或主权永远是至高无上的，行政权或政府永远是次要和派生的，司法权只是政府的一项职能。他很自然地把意志与权力分割开来。政府只是执行主权人民的法令和意志行为。正如人的意志把命令传递给其成员去执行一样，国家也可以通过树立权威来赋予其决定权，而权威就像大脑一样，可以命令其成员。在授权执行其意志所必须的权力时，它并没有放弃任何最高权力。它仍然是统治者，可以随时收回它授予的权力。因此，政府的存在取决于主权者的意愿，又常常被至高无上的意志解散。

当我们讨论公意的本质时，我们会发现，这一学说确实包含了卢梭理论中最有价值的部分。在此，我们关心的是它的局限性。立法职能和行政职能很难在实践中区分开来。在卢梭看来，这一区别使情况更加复杂。立法权，即君主，只关心一般事物，而行政权只关心特殊事物。这种区别的全部力量只有与公意相联系才能看到。这种区别大致意味着，当一件事涉及整个社会群体时它具有一般性，而且没有提到任何特定的阶级；一旦它涉及任何阶级或个人，它就不能再构成主权行为的主旨。无论这种区别看起来多么抽象，它的效果是将所有权力交给行政部门：现代立法几乎总是与特定的阶级和利益相关。因此，从卢梭的观点到现代民主政府理论并不是一大进步。在现代民主政府理论中，如果人民满足于当前的生活，除了推翻统治者之外别无他权。然而，只要我们聚焦在卢梭所思考的城邦理论，他的卓越表现就能够为人民保留更大的实际意志。我们往往可以从一座城市中找到一个国家的具体所需。

卢梭在《社会契约论》第三卷中讨论政府问题时，他主要着眼于城邦而不是国家，这一点极其重要。从广义上讲，他的政府原则是，民主制适合于小国，贵族制适合于中等国家，而君主制则适合于大国（第三卷第三章）。在考虑这一观点时，我们必须思考两件事。首先，他反对代议制政府；在他的理论中，意志是不可转让的，代议制主权是不可能的。但是，由于他认为所有一般行为都是主权职能，这就意味着任何一般行为都不属于公民大会的职权范围。在评判这一理论时，我们必须考虑卢梭时代的所有情况。法国、日内瓦和英国是他重点关注的三个国家。在法国，代议制政府实际上是不存在的；在日内瓦，代议制政府只是部分需要；在英国，代议制政府是一种嘲弄，被用来支持腐败的寡头政治以反对腐败的君主政治。卢梭没有采用普通的现代观点，这是完全可以原谅的。事实上，即使在现代世界，它也不是一种令人满意的大众意志手段，因此我们完全可以弃置他的批评。

第二个因素是地方政府的巨大发展。卢梭认为，在单一民族国家中，所有的权力都必须像法国那样移交给中央政权。权力下放几乎是不可能的。卢梭认为，在联邦体系中，确保有效大众政府的唯一方法始于主权者这一最小单位。19 世纪证明了他的许多政府理论是错误的；但是在他的作品中仍有许多明智的评论和富有成果的建议，这些作品包括《社会契约论》第三卷、关于《论波兰政府》的论述以及他对圣皮埃尔修道院院长作品《各部会议制》（法国地方政府的一项不合时宜的计划）的改编和批评。

卢梭主权理论中最难理解的是这一观点（第二卷第七章），即对每个国家来说，立法者是必要的。我们只有认识到卢梭思想体系中的立法者实际上是人格化的制度精神，才能理解这一观点。在发达社会中，立法者的地位被伴随国家一起成长起来的社会习俗、组织和传统所取代。立法者不行使立法权的事实使这一点更加清楚，立法者只是提出自己的建议以求得民众的认可。因此卢梭认识到，像在其他方面一样的制度和传统方面，国家的基础是意志而不是武力。

这一点可以从他对法律的看法中看出（第二卷第六章），这值得我们特别关注。他将法律定义为"公意行为"，认同孟德斯鸠将法律作为"公民结社条件"的观点，并且通过意志行为准确地追溯了它的起源。社会契约使法律必不可少，同时也很清楚地表明，法律只来自于构成国家的公民主体。卢梭说："毫无疑问，只有理性才能产生普遍正义；但是，我们必须相互承认这种正义。恕我直言，如果没有自然的制裁，正义的法律在人类中是无效的。"在人类之间建立这种相互公正统治的法律中，共同意志是其根源。

最后，我们谈论一下公意，这是卢梭所有政治概念中最具争议、当然也是最基本的一个。《社会契约论》的批评家们都难以说出其作者确切想表达的意思及其对政治哲学的最终价值。之所以难以理解，是因为卢梭本人在赋予"公意"意义时也会犹豫不定，甚至借此提出了两种不同的观点。然而，就其广泛意义而言，这是毫无疑问的。社会契约的作用是创造一个新个体。当这种情况发生时，"这一联合行为已经产生，每一缔约方的个人身份便不存在，进而建立了一个由众多成员组成的机构，其有多少成员大会就有多少票数。而这个共同体也从这一行为中获得其统一、共识、生命和意志"（第一卷第六章）。《论政治经济学》也曾阐述过这一理论，但没有交代具体的历史背景。"公民政体也是一种具有公意的道德存在，这种公意总会维护全体和个体的福祉，也是法律的源泉。它为所有公民在其相互关系和与国家关系方面建立了公正与否的规则。"我们立刻就会看到，第二种说法比第一种更能说明问题，并且这种说法容易得到《社会契约论》中其他人的支持。由社会制度创造的共同意志是否需要"始终照顾到全体公民的福祉"，这一点还尚未可知。难道共同意志不像个人意志那样容易犯错吗？难道不可以把它从实际利益引向追求快乐或对它真正有害的东西吗？如果全社会都能投票决定什么能给全体成员带来一时的快乐，同时又能给整个国家带来持久的损害，一些成员将设法保护他们的个人利益而危害到全体和其他成员的利益，这难道不是更有可能吗？所有这些以及其他类似问题都来自于共同意志概念的批评者。

这些问题主要涉及两个方面，卢梭对此给出了明确的答案。他说："在众意与公意之间存在着巨大的差异，后者仅仅考虑公共利益，而前者仅考虑私利，它不过是具体的个人利益的总和""共同利益的达成也就意味着对个人利益的反对"（第二卷第三章）。的确，当一位公民面临问题时，他有可能不是为了国家利益而投票，而是为了自己的利益。但是在这种情况下，从公意的观点来看，他的投票是微不足道的。但是"是不是由此就可以看出公意就已经彻底地消失或者堕落了呢？并不是这样的，公意始终是牢固不变和纯洁的；只不过屈居于其他侵占其领域的其他意志之下罢了……"（每个人将个人利益与公共利益相分离的时候）所犯的错误在于改变了问题的状态使得自身所答非所问。他在投票时想的不是"这是否对国家有利"，而是想的"这种或那种观点应该占上风应该对某个个人或党派有利。于是集会中的公共秩序法则并不再扮演对公意维持和保护的角色，反而常常要对它进行质疑，并对它做出回答"（第四卷第一章）。这些以及其他可以在文本中找到的段落都很清楚地表明，卢梭所谓的公意与大众意志截然不同，它永远不应该与之混淆。存在困惑的唯一理由在于，他认为在城邦中，当所有特定的关系都被避免时，由个人利益主导的投票总是会相互抵消，因此多数表决总会产生公意。但事实显然并非如此，在这方面，我们可能会指责他太过于推崇民主党的论点。然而，这一点可以在以后的阶段中得到更好的处理。卢梭未敢妄称大多数人的呼声是永远正确的；他只是说，在理想条件下，大多数人的呼声是永远正确的。

公意批评家提出的第二个观点是，卢梭将公意定义为仅是为了共同利益的意志，是否意味着要排除公共不道德和目光短浅的行为。他以不同的方式回答了这一问题。首先，公共不道德行为仅是大家一致认同的自私行为之一，没有什么特别之处，与尚有异议的类似行为不同，因此它不属于公意。其次，在不受自私欲望驱使的情况下，对我们自己和国家利益的无知不会使我们的意志反社会或反个人。"公意永远都是正义的而且永远都是代表了公共的利益，但是这并不是说人民的评议也是永远正确的，我们的意志常常是为了我们自身的利益，但是我们却并不能很好地辨别。人民绝不会堕落，但是却总是受到蒙骗，在这种情形下，它看上去好像只会选择坏的"（第二卷第三章）。卢梭在论述共同意志时，谈到了比晦涩难懂更糟糕的事物——积极矛盾。事实上，他很可能从来没有把自己的思想琢磨清楚，在他的阐述中总有一些混乱和波动。这些困难需要读者自己想办法去解决，对卢梭所要表达的意思只能进行大体概括。

《论政治经济学》中对公意的介绍简明扼要，有助于人们更好地理解其含义。《论政治经济学》中对公意的定义多次被引用，而且也对公意的性质进行了概述。"每一个政治社会都是有另外一些不同种类的小社会组成的，它们有各自的利益诉求以及组织原则，但是这些社会虽然有其自身的外在形式与公认的表现，却并不是国家中真正存在的仅有的社会，由共同利益联合在一起的个人也组成了或短暂或永恒的集体，它们并不因其浅显的外表而缺乏实际的影响力……所有的这些有形或无形的集体，通过它们意志的影响，以各种各样的方式影响着公意。这些个别社会集体的意志通常有两种关系：对内部成员来讲，它是公意；对更大的社会集体来讲，它就是个别意志了；这种个别意志对于前者来讲是正确的，而对于后者就是错误的。不可否认的事实是：公意始终是最正确的，人们的声音实际上就是上帝的声音。"

　　卢梭认为，公意在本质上是为了共同利益；但是，公意有时又被划分为较小的意志连接，二者之间的关系是错误的。伟大的公意至上是"公共经济学的第一原则以及政府的基本原则"。此表述在清晰度和简明度方面与《社会契约论》中的其他文章有所不同，它十分明确地表达了卢梭的思想。每个由个人组成的联合体都会产生一种新的公意；每个具有永久特性的联合团体都有自己的"个性"，因此也就有了"共同"意志；国家是已知的最高形式的联合体，是一个具有公意且充分发展的道德和集体存在，这是我们所知的最高意义。所有这些意志只适应于行使这些意志的联合团体成员；对于局外人，或更确切地说，对于其他联合团体，它们纯粹是特定的意愿。这甚至适用于国家，"相对于其他整体来说，这个共同体其实只是一种简单的存在，一个个体而已"（《社会契约论》第一卷第七章）。在《社会契约论》的某些篇章中，在对圣皮埃尔的《永久和平计划书》的批判中以及在《社会契约论》初稿的第二章中，卢梭考虑到了一个更高层次的个体，即"世界联邦"。在《论政治经济学》中，考虑到单一民族国家，肯定了他在《社会契约论》（第二卷第三章）中表达了他对城市的否定的内容，并且认识到国家的生命是由其整个复杂的机构组成，较小公意的存在未必对国家的整体公意构成威胁。在《社会契约论》中，他只谈到了与政府相关的较小的意志。其中他指出，政府有其自己的意志，对其成员来说具有共性，但对于整个国家来说具有特殊性（第三卷第二章）。他更愿意把政府意志称为全体意志（corporate will），这个名称便于区分较小的共同意志和凌驾于它们之上的国家的共同意志。

　　到目前为止，对内容的理解并未出现很大的困难；但在讨论公意的绝对可靠性时，我们的处境就更加危险。卢梭对公意的论述显然有些摇摆不定，一方面把它看作是一个纯粹的理想概念，人类制度只能近似于这个概念；另一方面又认为它可以在每一个共和制国家中实现，即人民无论是在事实上还是权利上都是在至高无上的国家中。第四卷第二章对后者的阐述尤其令人吃惊。"当有人在公民大会上提出一条法律时，他不会询问是否有人同意或者反对这一提案，而是看这一法律是否与他们的意志也就是公意相符……当与我自身观点相反的意见占据主流的时候，这并不能说明什么，只能说明我的意见是错误的，说明我所认为的公意并非如此。"根据卢梭在其他地方制定的原则，他不得不承认，这证明不了什么，除非其他选民以共同利益为指导投票。虽然他有时也支持相反的观点，但他的原则并不能保证大多数人的意志就是公意。至多只能说，它具有普遍性的可能性要比任何被选定阶层不受共同利益所左右的意志的可能性更大。民主的正当性不在于它总是正确的，即使在意图上也是如此，而在于它比任何一种最高权力都更为普遍。

然而，从根本上说，公意学说不受这些矛盾支配。除了康德狭义而僵化的逻辑之外，它在本质上与他的意志自治学说是一致的。康德把卢梭的政治理论作为一个整体应用于伦理学。卢梭的作品中已经出现这种误用的萌芽；因为他不止一次反对将对道德哲学和政治哲学研究分离开来，他认为二者是完全统一的。这一点在《社会契约论》（第一卷第八章）中已经表达得十分清楚，从中卢梭谈到了社会建立所带来的变化。"从自然状态到公民状态的转变在人类身上产生了显著的变化。正义代替本能成为人类的行为范式，而人类行为被赋予了以前未曾出现的道德品性……在社会契约状态下，人类失去的是天然的自由和对其试图得到和成功得到的一切所拥有的无限的占有权，他得到的是公民自由和对他所拥有财产的合法支配权……但它受公意的限制……除此之外，我们还要补充一下，人类在公民社会中还获得了道德自由，只有道德自由才能使人真正掌控自己。因为如果人类只服从欲望，那么他就是欲望的奴隶，而服从我们为自己规定的法律才是真正的自由。"

这一章包含了康德道德哲学的主旨，并且很清楚地表明，卢梭认为康德的道德哲学不仅适用于政治，也适用于伦理学。我们的行为道德受普遍规律所指导；仅受感情支配的行为是不道德的。此外，人类只有在全力追求一个目标时才能拥有自由；而且，因为只有他在追求理性目标时才会全力以赴，而理性目标又排除了矛盾，所以只有道德行为，只有按照普遍规律指导自己生活的人，才是自由的。用康德的话来说，意志只有指向普遍目的时才是自主的（即规定自己的法律）；当它受私欲或特别对待所引导时，它是由欲而动的（即从外在事物中接受它的法则），并且是受束缚的。卢梭，正如他在第一卷第八章中所说，并没有直接关注"自由"这个词的伦理意义，因此，康德把这一学说发展成了一个理论体系；但这一章证明了这样一种观点是错误的，即真正意志学说最初产生于政治学，然后才转移到了道德哲学。卢梭的政治学说以他的人类自由观为基础；因为人是一种自由主体，能够由他自己规定的普遍法则所决定，所以国家也能够以同样的方式实现共同意志，也就是说，能够为自己及其成员规定类似的普遍法则。

因此，公意是将人类自由应用到政治制度。在确定这一概念的价值之前，仍需面对一些批评。我们得知，在公意中实现的自由是整个国家的自由，但是国家的存在是为了保障其成员的个人自由。一个自由的国家可能是残暴专横的，暴君可以给予其臣民充分的自由。有什么能够保证国家在解放自己时不会奴役其成员吗？这种批评比较常见，因此必须对此加以详细解答。

"问题是要找到这样一种联合的形式，它能够集全体成员共同的力量来保护每一个联合者的生命和财产不受威胁。并且在这种联合中，每一个联合者在与所有人联合的同时，仍然可以按照自己的意愿不用听命于他人，就像以前一样可以保持自由。""这个契约的条款……但它们在任何地方都是相同的，在任何地方都被默认……这些条款，如果理解得当那就可以简化为——每一个联合者，连同他的所有权利都完全转让给整个共同体……；如果个人保留某些权利，由于他们和公众之间没有共同的上级来评判裁决，每个人在某一点上都有自己的评判标准，那他就会要求事事以自我为中心自己做主。这样便又回到了自然状态，这种共同体必然会变得徒有其表或失去控制"（第一卷第六章）。卢梭深知，限制国家权力是不可能的，当人民联合起来组成国家时，他们最终必须服从于多数人的有效意志。有限的主权是一种矛盾，君主有权享有一切存在适当理由允许的权利，只要这一理由要求国家干预，就不能对个人权利提出上诉。对国家最为有利的必须由个人来承受。然而，这并不意味着统治权力应该或有道德权利去干涉每个特定的案件。卢梭受到了许多愚蠢的批评，因为在维护了国家绝对霸权之后，他继续谈论"主权的限度"（第二卷第四章）。其中不存在任何矛盾。只要国家干预是出于好意，国家就有权干预；但它没有道德上的权利，尽管它必须有法律上的权利去干预不合理之处。公意总是正确的，只有在适当的时候才会进行干预。因此，"主权者决不能对他的臣服者施加对社会共同体不必要的束缚，甚至都不应该产生相类似的想法"。然而，由于公意的绝对可靠却不足以使国家永远不犯错误，仍然存在反对意见。既然不能总是达成共同意志，那么由谁来判断干预行为是否合理？卢梭的回答未能令许多批评家满意。"我承认，每个人可按社会公约的规定转让其对社会共同体的控制行为具有重要作用的权力、财富和自由；但是需要注意的是唯有主权者才能对重要性的标准作出判断。"我们得知，这只是国家暴政的重演。但是如何才能避免这样的结论呢？卢梭已经提出了反对有限主权的理由（第一卷第六章）：毫无疑问，我们必须采用我们能够找到的最佳机制来履行国家职能。毫无疑问，机制将是不完美的；但我们只能尽可能地接近公意，而不是希望将它完全变为现实。

因此，对于那些认为卢梭在保障公民自由中牺牲了个人的批评家来说，答案可能是这样的。自由不仅仅是一个消极概念，它并不是因为缺乏约束而得以存在。最纯粹的个人主义者，例如赫伯特·斯宾塞，认为一定程度的国家干预对于确保自由是必要的；但是，一旦这种保障自由的思想没有得到广泛认可，整个思想就发生了深刻的变化。不能再声称国家的每一次干预都削弱了个人自由；"自由基金"理论和"工资基金"理论一样站不住脚：当所有人都被限制互相伤害时，国家成员可能比当任何一个人能够"自由"奴役他人或自己被奴役时更自由。这一原则一旦被认可，确保自由所必需的国家干预的精确程度始终会是一个需要特别讨论的问题；每一种情况都必须根据其本身的是非曲直来判断，而在权力方面，君主将是全能的或只受理性法则的支配。

人们总是认为卢梭没能真正激发法国大革命，因为这种观点与革命者热烈宣扬的"人权"完全相悖。如果每一项权利都在社会契约中被转让，那么以后再谈"自然权利"又有什么意义呢？然而，这是在歪曲卢梭的立场。现代个人主义者所宣扬的人权，并不是卢梭和革命者所认为的人权。社会契约理论是建立在人类自由基础之上的：卢梭认为，这种自由同时也保证了它自身的持久性；它是不可转让，坚不可摧的。因此，当政府变得专制时，它对臣民的权利并不比主人对奴隶的权利多〔第一卷第四章〕；因此，这个问题纯粹是一个权力问题。在这种情况下，可以对社会契约的条款提出上诉，或者换一种说法，对人类自由的"自然权利"提出上诉。这种自然权利在任何意义上都不违背契约中所设想的完全转让；因为契约本身就建立在它之上，并且使之得到维护。因此，君主必须一视同仁地对待所有成员；但是，只要它这样做，它仍然是无所不能的。如果它处事不公，对待一个人要比另一个人好，它就不再是君主了；但是，平等早已在契约条款中预先设定好了。

抨击卢梭更有利可图，因为他轻易地将每个公民的利益与所有人的利益等同起来；但在这方面，大多数批评家的做法也有失公正。他并不认为一个人的特殊利益和他的共同意志之间不存在对立；相反，他明确而一贯地肯定了这种对立的存在（第一卷第七章）。首先，他断言显而易见的是主权者的任何利益不能与公民的利益相违背；其次，它不能有与任何人利益相反的利益。卢梭证明的第二点是，君主的全能对维护社会至关重要，而社会对个人又是必要的。然而，他的论点实际上是建立在公意的基本特征之上的。他承认，在当前任何国家，多数人的明显利益往往可能与少数人的利益相冲突；但是他认为，受普遍法则管制的国家和个人的真正利益不能与任何其他真正利益相冲突。只要由公意所指引，只要由他的真正意志所引导，只要他的行动是普遍的、理性的和自主的，国家利益就必然是每个人的利益。

因此，卢梭自由理论的正当性又回归到了它的出发点 —— 国家和个人意志的全能。正是在这个意义上，他称国家成员因公意而"被迫自由"，就像康德认为一个人的低级本性被迫自由是因为更高、更真实和更理性的意志的普遍命令一般。认识到国家是一种道德存在，具有类似于个人心智的决定权，公意的意义就在于此。然而，即使在认识到其意义的人当中，也有一些人否认其作为政治哲学概念的价值。他们说，如果公意不是所有人的意志，如果它不能通过多数票或任何投票制度来达成，那么它就什么都不是。它只是一种抽象概念，既不是普遍的，也不是个人意志。当然，这正是康德"真实意志"经常受到的批评。显然，必须立即承认的是，公意并不构成每个公民意志的全部实际内容。它被认为是实际的，而且必须总是以"到目前为止"或同等条件来限定。然而，这远远没有破坏概念的价值，因为它的全部价值就在于此。在寻求社会的普遍基础时，我们不寻求在任何国家完全实现的任何东西，尽管我们必须寻求在每个国家或多或少完美存在的东西。

正如卢梭所说，社会契约论的观点是，合法社会是因人民的同意而存在的，并且根据人民的意志来采取行动。"共和制"国家的基础是积极意志，而不是武力或仅是表象的同意，它只能具有这一特性，因为个人意志并不是真正自给自足和独立的，而是相辅相成和相互依存的。"为什么我应该服从公意"这个问题的答案是，公意存在于我之中而不是之外。正如卢梭所说，我"只服从自己"。国家不仅是人类历史上的偶然事件，也不仅是保护生命和财产的手段；它响应了人性的基本需要，并根植于构成它的个人性格。整个人类机构的综合体不仅是一个人工结构，这是人类相互依赖和友谊的表现。如果它有什么意义的话，公意理论就意味着国家是自然的，"自然状态"是一种抽象概念。没有这种意志和自然需要作为基础，任何社会都不可能存在；国家存在并要求我们服从，因为它是我们个性的自然延伸。

然而，问题仍然是如何使公意在任何国家中都是积极和有意识的。显然，在某些国家中，得到认可的现有机构几乎没有对其要求做出任何回应。然而，即使在这样的国家，暴政也是有限度的。实际上，在暴君也不敢干预的古老习俗中，公意仍然是积极和重要的。它不仅存在于社会机构之外和现有组织中，也存在于我们称之为国家的正式联合综合体中。它的影响程度更大，触及范围更广。它或多或少地体现在整个社会生活中，在私人和公共关系的整个综合体中，从最广泛的意义上来说，可称这一综合体为社会。我们不仅可以在议会、教堂、大学或工会中认识到这一点，也可以在最亲密的人际关系、最琐碎和最重要的社会风俗中认识到这一点。

但是，如果所有这些事情都要在每个群体中形成公意，那么对于政治来说，公意是狭隘的。那么问题就是确保它在官方机构和国家公共委员会中的至高地位。这就是卢梭自己主要针对的问题。在这方面，我们也将发现，公意是指导政治工作的最佳概念。因为，实现公意的时候，并不是做了对群体最有利的事，而是群体作为一个整体具有这样做的意愿。公意不仅要求要形成一个好政府，而且还要求其自治 —— 不仅要求理性行为，而且要求良好意愿。这是卢梭的一些崇拜者在引用他观点时容易忘记的，因为他自己有时倾向于使用它来支持纯粹的贵族统治。卢梭认为贵族统治是最好的一种政府形式，但他也认为这是篡夺主权最糟糕的形式。我们不能忽略的是，他明确指定了选举产生的贵族统治。没有人民的意志就没有公意。公意可以普遍体现在一个人的愿望之中；但是，只有广大公民有此意愿时，它才能体现在国家之中。意志必须在两个意义上具有"共同性"：在卢梭使用的意义上，意志的对象必须是共同的，即普遍的；但是它也必须被普遍接受，即对所有人或大多数人来说是共同的。①

因此，公意首先是一种普遍意志，而且在康德看来，是一种"理性的"意志。卢梭和康德的思想有很多相似的地方，但是我们最好关注它们之间的不同之处。令人惊讶的是，现代"理智主义"的创始人康德和"感情"的伟大倡导者卢梭，对意志的本质和功能具有相似的看法。但是，他们的观点有所不同。因为康德的道德律令推动力纯粹是"理性的"，而卢梭却在人类情感之中找到了对他所提倡的对共同意志的认可。从《社会契约论》草稿中的篇章来看，公意仍是十分理性的。"没有人会质疑，公意在每个人心中都是一种纯粹的协定行为，这就解释了为什么当一个人对他的同胞提出要求或他的同胞对其提出要求时，双方都能够坦然接受。"意志仍然是纯粹理性的，但卢梭认为它需要一种外部动力。"如果自然法，"他写道，"只写在人类理性的石板上，它将无法指导我们大部分行动；但它也铭刻在人类心中，无法被抹去，其影响比哲学家的所有戒律都要更强烈"（来自一篇未完成的论文《论战争状态》）。《论人类不平等的起源和基础》解释了这种指导思想的性质，其中，自我主义（amour-propre）与自尊（amour de soi）形成了对

① 在卢梭看来，"公意"的意思与其说是"几个人持有的意志"，不如说是具有共同（普遍）对象的意志。这一点经常被误解，但并不那么重要，因为公意实际上是二者兼备的。

比。卢梭认为，人不希望自己拥有一切，也不希望别人一无所有。"利己主义"和"利他主义"都是对人类"自然性善"的曲解。"人性本善"，也就是说，人的本性使其渴望被视为群体中的一员，平等地拥有一切。这种自然的平等之爱（amour de soi）包括他人的爱和对自己的爱，而以牺牲他人为代价来爱自己的自我主义，是一种不自然和反常的状态。因此，公意的"理性"认知在"自然"人的心中找到了共鸣，如果我们确保人类不受现存社会的歪曲，共同意志就能成为现实。

这是卢梭教育思想和政治理论的交汇点。他的全部观点只能通过把《社会契约论》和《爱弥儿》结合起来研究，如《山中来信》和其他作品所阐释的那样。《社会契约论》没有直接阐述人性本善的基本教义；但是它潜藏在了他的整个政治理论之中，并且实际上贯穿于他的总体构想之中。他的教育、宗教、政治和伦理思想都是由一种始终如一的态度所激发的。《社会契约论》仍然是迄今为止所有政治哲学教科书中最好的一本。卢梭的政治影响力非但没有消亡，反而日益增强。当新一代和新阶层的人开始研究他的作品时，他的思想通常是模糊且欠发展的，但其价值持久，必然会形成一种新的政治哲学的基础，在此基础上，他的思想将被接受和改变。这种新哲学是未来著作的典范，但是根植于卢梭的思想中的某些因素，其也会追溯回遥远的过去。在我们这个时代，它将永远存在，它的解决方案将相对不变并且不断进步。

柯尔

（G. D. H. Cole）

目 录
CONTENTS

第二卷 / 025

第三卷 / 059

前　言

　　这篇论文是我多年前想要完成却一直未能如愿的长篇著作的一部分，当时我没有意识到自己的局限性，因而只能早早放弃。在已经写成的可供截取的各种片段中，这篇是最重要的，而且我认为这也是可向公众提供的最有价值的片段。其余部分已不复存在了。

第一卷

写下本文的本意是探讨从人类实际情况和法律允许的可能性出发，在公民秩序中，是否存在某种确切和合法的行政规则。在接下来的研究中，我将始终努力将权利允许与利益要求结合起来，以便在任何情况下都不使正义和功利彼此割裂。

对于该主题，我还未证明其重要性，但已开始着手探讨。有人会问我，你到底是统治者还是立法者。若要探讨政治这一议题，那我的回答是二者皆不是。正因为我既不是统治者也不是立法者，所以我才要论述政治。如果我是统治者或立法者，我不应该浪费时间夸夸其谈自己想做什么，而是要么就直接去做，要么就保持沉默。

作为一位出生于自由国家的公民，也是生活在该政权下的一员，无论我的发声对公共事务的影响是多么微弱，但享有在公共事务中投票这一权利足以使我有义务研究它们。当我反思各国政府时，当我发现我的探讨总能给我提供一个热爱自己国家的新理由时，我都备感欣慰。

第一章
第一卷的要义

　　人生而自由却无不在枷锁之中，自认为是他人主人的人，反而比任何人更是奴隶。这种变化是如何产生的？我不知道。但这种变化如何演变为合法的呢？我想我可以回答。

　　如果我只考虑强权以及其产生的影响，我会说："只要一个人被迫服从，并最终服从了，那么一切会很好；一旦人们摆脱强权的桎梏并最终将其摆脱，那么一切会更好。因为，当初人们的自由是以何种方式被剥夺的，他们就享有同样的权利去重获自由，但这并不代表该做法是正当且合法的，如果说这种重获自由的方式并不合法那只能说明当初剥夺人民自由的方式也并不正当。"社会秩序是一项神圣的权利，是所有其他权利的基础。然而，这项权利并非生而有之，而是必须建立在契约之上。在谈到这个问题之前，我必须先论证上述内容。

第二章
论早期社会

在所有社会形态中，家庭是最古老也是唯一自然的社会。然而，只有当孩子还需要父亲养育时，这种依附关系才能维持，一旦这种需求停止，孩子们与父亲天然的依附关系也将随之瓦解。此时，孩子们从因为依附而顺从的关系中解脱出来，父亲也从对孩子负有照顾的义务中解脱出来，他们都平等地回归独立。如果他们在此之后依然保持依附的关系，那么就是出于彼此的自愿而不再是自然。因而，我认为只有契约才能将这种家庭的依附关系得以维继。

这种共同的自由源于人的本性。人类最初的法则是要先保证自己的生存，最关心的也是与生存息息相关的事物。一旦人类到了具备一定判断力且能够独立自主地决定自己的生存方式的时候，他就成了自己的主人。

这样一来，这个家庭可能被称为政治社会的第一个模型：统治者对应父亲，人民对应儿童，每个人生而自由平等，只有当自己的利益受损时才会牺牲自由。所不同的是，在家庭中是父亲对孩子的爱使他去抚养照顾自己的孩子，而对于政府而言，与其说是当权者对子民的爱促使他们热爱养育自己的子民，倒不如说是命令与发号施令的快感占据了先机。

格劳秀斯否认所有的人类政权都建立在有利于被统治者的基础之上，为此，他还以奴隶制为例进行论述。他通常的推理方法是不断地建立事实以论证权力。[①] 对此，我们其实可以采用更合乎逻辑的方法，但没有一种方法可

---

① "对公共权利的学术研究往往只是研究过去滥用权力的历史；过分深入地研究它们是无益的迷恋"（阿冉松侯爵写的《法国与其邻国的利益论》）。这也正是格劳秀斯所做的。

以对专制君主更有利。

根据格劳秀斯的说法，针对所有人类是属于某一百个人还是某一百个人属于所有人类这一点尚存疑问。而且，在他的书中，他似乎倾向于前者，这也是霍布斯的观点。在这个叙述中，人类可被比作为一群牛羊，每一群都有它们相对应的牧人，而牧人保护它们的目的则是为了吃掉他们。

由于牧人的等级高于他的羊群，所以牧人即人类的主权者，其品质也必然高于他们的下属。菲龙告诉我们，卡利古拉皇帝就是这样推理的，要么统治者就是上帝，要么人类都是牲畜。

卡利古拉的推理与霍布斯和格劳秀斯的如出一辙。亚里士多德在他们之前就说过，人绝不是天生平等的，而是有些人生来就是奴隶，有些人生来就是领导者。

亚里士多德是对的，但是他因果倒置。出生在奴隶制中的人，自然就是生而为奴，这一点毋庸置疑。被束缚的奴隶们失去了一切，甚至连摆脱枷锁获取自由的欲望都没有。他们甚至热衷为奴的状态，就像尤利西斯们热爱他们残酷的处境一样。[①] 如果说世界上真的有天然的奴隶，那只能是因为有违背自然的奴隶制。是强权催生了第一批奴隶，而他们的懦弱使他们永世为奴。

我没有提及亚当王，也没有提到诺亚皇帝。诺亚皇帝也就是那个三分天下的大君主的父亲，一些学者甚至将他们与农业之神做比较。我相信读者会感激我说话适可而止。因为，我作为这些君主的后裔，也许是最大分支的后裔，谁知道我就不会是人类最合法的国王呢？无论如何，毫无疑问亚当是当之无愧的最合法的国王，就像《鲁滨逊漂流记》所描述的那样，只要他是岛上唯一的居民，那么他就是这个荒岛上的国王。这样的帝国有一个优势，那就是君主在他的宝座上是安全的，没有叛乱、战争或阴谋的顾虑。

---

① 见普鲁塔克题为《动物的理性》的短文。

第三章
论强者的权力

　　即使是最强大的人也不可能强大到永远做他人的主人，除非他将强权转化为掌中的权力，从而将服从转化为他人的义务。由此，最强者的权力便应运而生。尽管在所有人看来这颇具讽刺意味，但实际上这种权力已被确立为一项原则了。那么，我们是否还应该再重新详细解释一下这个短语呢？强权是一种物质力量，我看不出在它身上能产生什么道德效用。屈服于强权有时只是一种必要的行为，而并不是出于自愿，或者说至多是一种退而求其次的行为。那么，从什么意义上说，向强权屈服是一种道德上的义务呢？

　　我们不妨先假设这种所谓的"最强者的权力"暂时存在。我认为这种假设能够产出的唯一结果是一大堆莫名其妙的胡言乱语。因为一旦强权转化为权力后，因果就会发生倒置，当一种强权压倒原来的强权时，权力也就归新的强权所属了。只要不受惩罚的反抗，那么这种行为就是合法的。最强的人总是正确的，唯一重要的是行动起来去成为最强的人。

　　但是，什么样的更强权会在原强权消亡之时出现呢？如果我们是因为迫于强权的压制才服从，那么根据义务而服从这一说法就站不住脚。显而易见，"权力"一词与强权并无关联，将二者强行拴在一起无疑是无稽之谈。

　　像本应该服从权力那样去服从权力吧。如果这意味着屈服于强权，那么这就是一个很好的忠告，虽然略显多余，但是我敢说从未有人去违背这一规则。我承认，所有的权力都来自上帝，但是所有的疾病也是如此。这是否意味着请医生看病也应当被禁止呢？一个强盗在树林边用强权恐吓我交出钱包，如果钱包我可以藏起来的话，难道我的良心会逼迫我把它交出来吗？说到底，强盗手里的枪也是"权力"的一种。

不得不承认的是，强权并不能创造权力，我们只能服从合法的权力。这么一说，我们又必须回到原来的问题上。

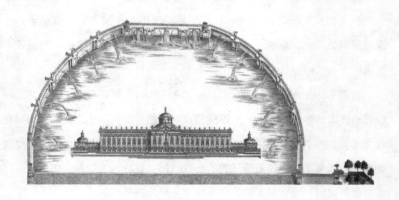

第四章
论奴隶制

既然没有人拥有凌驾于他人的天然统治权，而且强权也并不创造权力，那么人类的合法权利就必须是建立在约定的基础之上。

格劳秀斯说，如果一个人可以出让他的自由，让自己成为他人的奴隶，那么为什么整个民族不能这样做，让自己服从国王，做国王的子民呢？

这篇文章中有许多模棱两可的词需要进一步解释，我们先来分析一下"转让"这个词。转让一般是指赠予或出售。如果一个人成为另一个人的奴隶，显然二者之间不存在赠予的可能性，所以答案是出售自己，通过出售自己满足生存的需要。但是一个民族将自己出售给国王是为了什么呢？一个国王不但不会为他的臣民提供生计，相反他还得靠臣民以汲取养分。何况，拉伯雷认为，国王所要求的供养其实并不容易满足。如果臣民供养国王的条件就是转让自己的自由的话，那臣民从中能获得什么好处呢？

也许有人会说，是专制君主保证了他的臣民的安宁，这也许没错。但是如果他的野心给臣民带来战乱，他的贪得无厌使臣民民不聊生，他的大臣们胡作非为等种种不良的表现带给臣民的痛苦远甚于臣民之间的个人纷争，那这种安宁对于臣民来说又有什么意义呢？如果他们享受的安宁必须以经历苦痛为代价，那么在其中他们又会得到什么？其实地牢里是很安宁的，但这种安宁足以让他们认为地牢是理想的居住地吗？被囚禁在独眼巨人洞穴中的希腊人处境也很安全，但等待他们的却是——被吞噬的命运。

如果说一个人愿意不求回报而无偿奉献自己，这件事听起来既荒谬也不可思议。这种行为是无效和不合法的，做这种事的人一定是丧失了理智。这放到整个民族里也同样适用，整个民族要是都这样做，那整个国家岂不成了疯子的集中地。但疯狂并不会创造权利。

即使每个人都能奉献自己，他也不能不求回报地牺牲他们的孩子。他们生而自由，他们的自由属于他们自己，除了他们之外没有人有权处置这种自由。当然，在他们还没有独立的判断力之前，父亲可以以他们的名义代而处之，但这都是建立在孩子的意愿上——为了成长和生存。但是父亲不能无条件地剥夺孩子们享有自由的权利，因为这么做不仅违背自然法则，同时也是对为人父职权的滥用。因此，为了使专制政府合法化，每一代人都享有自由地选择接受或拒绝它是否合法的权利，但是如果能够这样的话，那它就不能被称为专制的政府了。

放弃自由就是放弃为人，放弃人权，放弃义务。对于放弃一切的人来说，想要给他补偿都是行不通的。这种放弃与人的本性不相容，因为剥夺了一个人的意志中的所有自由，就是剥夺他行为中的所有道德。所以说，这是一个空洞而矛盾的协议，因为一方拥有的是绝对的权威，而另一方也就必须对其无限地服从。很明显这就是在告知我们，人对于有权向其提出任何要求的另一个人，不必承担任何义务。在缺乏对等或交换的情况下，这一条件本身不就意味着行为无效吗？我的奴隶的所有的一切都属于我，他的权利也属于我，所以他凭什么反对我，难不成我自己还会反对我自己不成？这实在是无稽之谈。

格劳秀斯和其他人声称他们从战争中找到了所谓奴隶制权力的另一个依据。胜利者拥有杀死失败者的权力，后者可以以放弃自由为代价来赎回自己的生命。这一协议听起来要更为合法，因为它对双方都有利。

但是很明显，这种杀死败北者的权力并不是只发生在战争中。早在原始社会，因为人们的生活彼此独立，所以并不存在足够稳定的相互关系来构成和平状态或战争状态，因此他们就不能成为天生的敌人。战争的爆发是源于物的所属关系而非产生于人与人之间的关系。而且，由于简单的人与人的关系并不会是战争产生的温床，真实的物属关系才是。私人战争，或人与人之间的战争，既不能存在于没有固定财产的自然状态，也不能存在于一切都受法律管辖的社会状态。

个人战斗、决斗和冲突并不能称之为战争。即使是法国国王路易九世授权允许私底下进行的个人战争，之后也以上帝和平的名义被中止。个人战争这一法令是对国家权力的滥用，如果真的存在这样的制度，那它本身也是荒谬的，其违背了自然权力和所有合理政治的法则。

因此，战争不是人与人之间的敌对关系，而是国家与国家之间的对抗关系。战争中人与人之间只是偶然地成为敌人，而不是以人的身份敌对，也不是以公民的身份敌对，^①而是以士兵的身份敌对。不是以国家成员的身份敌对，而是以国家捍卫者的身份敌对。总之，一个国家只能与另一个国家为敌，而不是与人为敌，因为不同的事物之间若本质不同是不可能有真正的联系的。

此外，这一原则符合所有时代的既定规则和所有文明政权的一贯做法。宣战与其说是对权力的暗示，不如说是对臣民的警告。外来势力，无

---

① 罗马人比地球上任何其他国家的人都更了解和尊重战争中的权力，他们对此慎之又慎，如果一个公民在没有明确表示他要反对敌人、反对哪个敌人的情况下，那么他是不可以参加战斗的。小卡图起初在波比利乌斯军中服役，当波比利乌斯的军队改组重建时，老卡图写信给波比利乌斯说，如果波比利乌斯仍然希望他的儿子继续在其手下服役，那么他必须给他执行一个新的战争宣誓，因为第一个誓言已经被废除，小卡图不能拿起武器对抗敌人了。老卡图还写信给他的儿子，告诉他在宣誓前要非常小心不要参战。我知道有人会以克鲁修姆之围和其他孤立的事件来反对我，但是我引用的是法律和惯例。罗马人是最遵守法律的人，而且也拥有最完善的法律。

论是国王、个人还是民族，如果没有首先向国王宣战就对另一国家的臣民实施抢劫、杀害或拘留，那么他就不是敌人，而是强盗。即使在真正的战争中，一个有正义感的国王在对敌国属于公众的财产下手的时候，他也会尊重敌国臣民个人的生命和财产，因为这是在尊重他自己所创造的权力。战争的目的是摧毁敌对国家，一方有权在捍卫者携带武器时杀死他们。但是，一旦他们放下武器投降，他们就不再是敌人或敌人的工具而再次变成人，没有人有权夺走他们的生命。有时也存在不伤害敌方一兵一卒就摧毁一个国家的情况，战争没有赋予敌我双方在取得胜利之后还大搞无辜破坏的权力。这些原则不是归格劳秀斯所有，也不是基于诗人的权威，而是源于现实的本质和理性。

所以说征服者的权利属于最强者。如果战争没有赋予征服者屠杀被征服者的权利，那么奴役被征服者的权利就不复存在。只有在无法使敌人屈服为奴的情况下才有权利杀死敌人，所以奴役他人的权利并不源于杀死他人的权力。因此，被征服者以自己的自由为代价来赎回自己的生命其实是一笔不公平的交易，因为征服者没有任何权利去决定被征服者的生死。是将生与死的权利建立在奴隶制的权利上，还是将奴隶制的权利建立在生与死的权力上，这样的诡辩难道不是一种恶性循环吗？

即使我们假设这种可怕的夺人生死的权利真的存在，我还是认为在战争中那些沦为奴隶的人或者一个被征服的民族对征服者只有被迫服从，而不存在其他的义务。征服者拿走了败北者视之为生命的东西，所以两者之间就不存在所谓的恩惠施与；对于征服者而言，杀了这些失败者并不能给他带来什么好处，倒不如留作他用。除了属于他自己的权利之外，征服者并没有获得对被征服者的任何权力，战争状态在他们之间继续存在着。他们之间的相互关系是战争的结果，战争权的使用不存在任何和平条约。即使真的制定了这样一项协约也非但不会破坏战争状态，反而会使战争得以存续。

因此，无论我们从哪个方面看待这个问题，奴隶制的权利都是无效的、没有法律依据的，其本身就是荒谬和毫无意义的。奴隶制和权利这两个词相互矛盾，相互排斥。一个人对一个人或一个民族说："我与你缔结一项协议，必须以牺牲你的权利为代价，以完全利我为前提，我想让此公约保留多久都行，但无论你愿意不愿意你都得遵守"，这样的论调无疑是荒诞不经的。

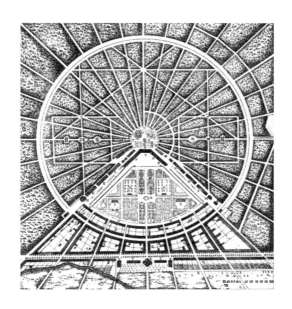

第五章
论必须回到最初的契约

即使我同意我上述反驳的所有观点，拥护专制主义的人们也不会因此就过得更好。因为征服大众和统治社会是两码事。如果分散的个体相继被一个人奴役，那么不管被奴役的群体有多少，这个人和被奴役的群体仍然是主人与奴隶的关系，而不是统治者与臣民的关系。这些被奴役的群体只是数量的增加而不是彼此相连的共同体。因为到目前为止，他们之间既没有公共利益，也没有政治实体。这个人，即使他将半个世界都处于自己的统治之下，他仍然只是一个个体，他的利益仍然是纯粹的私人利益，与被奴役群体的利益完全相悖。如果这个人死了，他的帝国便会分崩离析，就像一棵被火烧过的橡树，倒下后只能化为一堆灰烬。

格劳秀斯说，臣民可以把自己奉献给国王。那么，根据格劳秀斯的说法，臣民在奉献自己之前的身份是人民。而人民这个身份首先就是一种社会约定，意味着是公众的深思熟虑后的结果。所以，在探讨人民把自己奉献给国王之前，我们最好先考察一下人民是何以成为人民的。因为这种行为必然先于其他行为，是社会的真正基础。

事实上，如果没有事先的约定，除非选举的意向是一致的，否则少数人真的有义务服从多数人的选择吗？如果有一百个人希望某个人当选，有十个人不希望他当选，那为何这一百个人就享有代表这十个人去投票的权利呢？少数服从多数这一投票法本身是由契约确立的，这意味着至少存在过一次全体一致同意的情况。

第六章
论社会契约

我假设人类曾经经历过这样一种情况，在自然世界中威胁人类的各种阻碍力量远远超出了人们在自然状态下维持自己生存的能力。在这种情况下，这种原始状态难以为继，除非人类改变自身的生存方式，否则人类终将灭亡。

但是，由于人类不能创造新的力量，而只能团结和利用现有的力量。必须在某一动机的调动之下凝聚集体的力量，形成合力以协同行动，除此之外他们没有任何其他的方法来保护自己。

这种力量只有将个体联合起来的时候才会出现，那么问题就来了，既然每个人的力量和自由都是其自我保护的主要工具，那个人通过何种手段才能保证在这个过程中既不损害自身利益，又不忽视对自身的关照呢？这一难题与我目前探讨的话题有关，可以用下面的一段话来说明。

"问题是要找到这样一种联合的形式，它能够集全体成员共同的力量来保护每一个联合者的生命和财产不受威胁。并且在这种联合中，每一个联合者在与所有人联合的同时，仍然可以按照自己的意愿不用听命于他人，就像以前一样可以保持自由。"这是社会契约需要解决的根本问题。

这项契约的条款是由人们行为的性质决定的，哪怕最细微的修改都会使其无效。因此，尽管它们可能从未被正式提出过，但它们在任何地方都是相同的，在任何地方都被默认。如果有人违反了社会契约，他就会重新回到最原始的权利状态，就恢复了生来就有的、为了契约的自由而放弃的天然的自由。

这些条款，如果理解得当，那就可以简化为——每一个联合者，连同他的所有权利都完全转让给整个共同体。因为首先，每一个人都能够绝对地奉献自己，这一点对于所有人都是平等的。既然如此，那谁也不想使之成为他人的负担。

其次，只要这种转让是毫无保留的，那么整个共同体就将处于尽可能完美的状态，没有任何成员会提出要求或抗议。因为，如果个人保留某些权利，由于他们和公众之间没有共同的上级来评判裁决，每个人在某一点上都有自己的评判标准，那他就会要求事事以自我为中心，要求自己做主。这样便又回到了自然状态，这种共同体必然会变得徒有其表或失去控制。

最后，每个人都能够把自己奉献给共同体，而不是把自己奉献给任何其他人。因为所有成员所获得的权利都是一致的，付出与回报是一致的，甚至自己的既有权利还得到了更多的保护。

如果我们摒弃社会契约中的非本质因素，会发现它可以归结为以下公式——"在公意的最高指导下，我们每个人都把自己的人身和所有权利奉献出来，而且，在这个共同体中，我们每个成员都是整体不可分割的一部分。"

这一联合行为已经产生，每一缔约方的个人身份便不再存在，进而建立了一个由众多成员组成的机构，其中有多少成员大会就有多少票数。而这个共同体也从这一行为中获得其统一、共识、生命和意志。这个由所有其他人联合而成的公共人格曾被称为"城市"[①]，现在称之为"共和国"或"政体"。当它处于被动状态时，被称为国家；当它处于主动状态时，被称为主权者。与它的同类政体相比，它被称为强权。那些与它有联系的人统称为"人民"，当他们享有主权权威，受国家法律管辖时，他们可被称为"臣民"。这些术语经常被混淆乱用，相互取而代之，我们只需知道如何在特定语境下区分它们的确切含义就足够了。

---

① 这个词的真正含义在现代几乎完全丧失了。大多数人把城镇误认为城市，把市民误认为公民。他们不知道城镇由房屋构成，而市民是城市的必要条件。很久以前，同样的错误让迦太基人付出了昂贵的代价。我从未听说过公民的头衔被授予君主之下的任何臣民，即使是古代马其顿人或今天的英国人，尽管他们比任何人都更接近自由。只有法国人熟练地使用公民这个词，但很显然他们不知道它的确切含义，这一点从他们的字典中可见一斑。如果他们明知其含义却仍然加以滥用，那他们将被冠以篡夺或亵渎君主的罪名。很显然他们只是将该词视为美德，而不是权利。当博丹谈到我们的公民和市民时，他犯了一个大错，他把两者混为一谈。而达朗贝尔先生就避免了这一错误，在关于日内瓦的文章中他明确区分了居住在城镇里的四种人（甚至五种，如果加上外国人），其中只有两种人能够组成共和国。据我所知，除此之外便再没有其他法国作家能够理解公民这个词的真正含义了。

第七章
论主权者

　　以上表明，联合行为包括公众和个人之间的相互承诺，每个人在与自己定下约定时都受到双重身份的约束。相对于单独的个体，他是主权者的一员；相对于主权者，他是国家的一员。但民事权利法则中有一条规定，即任何人都无须遵守他与自己所订立的承诺。因为对自己承担义务和对整体承担义务是有很大区别的。

　　还需注意这样一个事实，由于每一个臣民在这两种关系中立场不同，公众决议虽然有能力让所有臣民受到主权者的约束，但主权者并不能给自身缚上任何义务。因为如果主权者给自己强加了一项它自己都不能侵犯的法律，那便违反了政治共同体的本质特性。那么主权体就只能够以个体自居，这就等于臣民与国家在缔结约定时不能达成限定自己的约定。这清楚地表明，没有也不可能有任何一种基本法能够对人民共同体形成约束力——甚至社会契约本身也不例外。这并不意味着在不违反契约的前提下，该共同体不能与他人达成订约，因为相对于其他整体来说，这个共同体其实只是一种简单的存在，一个个体而已。

　　但是，政治体或主权者是完全靠社会契约的神圣性来立足的，所以它永远不能做出先违背这一约定的行为，即使是对缔约的其他整体也是如此。例如，转让自己的任何部分，或者服从另一个整体。这种违反社会契约的行为不仅是自我毁灭，而且也无法成就任何事情。

一旦这个共同体建成，冒犯其中一个成员就等于是攻击整个共同体，侵犯整个共同体也就是侵犯了所有成员，从而引发所有成员的不满。因此，义务和利益都会迫使缔约方之间互相帮助。同样，人也会从这双重身份中寻求自我利益的满足。

不过，既然主权者完全由个人组成，那么主权者的利益和个体的利益并无他别。因此，主权者不需要向其臣民提供任何保证，因为整体不可能伤害其所在的成员。稍后我们还将看到它也不会伤害共同体中的个人。主权者，从这个意义上来说，必须永远是它该有的样子。

然而，臣民对主权者的关系却不是这般简单。尽管双方享有共同的利益，但主权者无法保证他们会履行自己的承诺，除非它找到办法来保证臣民的忠诚。

事实上，每个人，作为一个个体，都会有其作为公民所享有的公意和与公意相反的私意。当他的个人利益与共同利益发生冲突时，他的绝对的和自然的独立性可能使他认为自己为公共事业所承担的义务只是一种无偿的贡献，不做这种贡献对他人的伤害要小于这种贡献对自己造成的负担，这时候他会把共同体中的成员视为虚构的存在，而非存于现实的个人。所以，他希望的是在不履行公民义务的情况下享有公民权利，如果任由这种不公正想法蔓延下去，那么政体必然会走向毁灭。

因而，为了使社会契约不至于停留在空洞的公式上，这个契约应该暗含这样一种规定，即任何拒绝服从集体意志的人，集体都有权强迫其服从，只有这样契约才有力量。关于这一点并没有其他的意思，只是强制其保持自由，因为这是使每个公民在献身于国家时，保证其无需依赖其他人的必要条件。得益于这一点，政治机器才得以运转，社会契约才得以合法化。没有这一点，社会契约将是荒谬的、专制的，并且容易导致滥用。

第八章
论公民社会

　　从自然状态到公民状态的转变在人类身上产生了显著的变化。正义代替本能成为人类的行为范式，而人类行为被赋予了以前未曾出现的道德品性。只有当责任的声音取代了生理的冲动，权利取代了口舌之欲之时，之前只考虑自己的人才会发现自己不得不按照不同的原则行事，并在行事之前必须先听从自己理性的声音。虽然在这种状态下，人们在自然状态中所享有的一些权利被剥夺了，但所得的回报是巨大的、值得的，人们的能力得到激发，思想得以延伸，品德变得高尚，整个灵魂也得以升华。只要这种能力不被滥用到比之前情况还要糟糕的情况，那么他就会为自己脱离了自然状态而兴奋不已，他不再是愚蠢和缺乏想象力的动物，而是成为一个聪明的个体。

　　用浅显易懂的话说就是，我们把个人在自然状态下所失去的以及在契约状态下所得到的进行比对可得知，在社会契约状态下，人类失去的是天然的自由和对其试图得到和成功得到的一切所拥有的无限的占有权，他得到的是公民自由和对他所拥有财产的合法支配权。为了避免在权衡两者时出现错误，我们必须明确区分天然自由和公民自由，前者仅受个人力量的限制，后者受集体意志的限制。我们还要区别占有和所有这两个词的不同，前者是武力或首先占有所得，后者建立在法律许可的基础上。

　　除此之外，我们还要补充一下，人类在公民社会中还获得了道德自由，只有道德自由才能使人真正掌控自己。因为如果人类只服从欲望，那么他就是欲望的奴隶，而服从我们为自己规定的法律才是真正的自由。但是我已经在这个问题上说得太多了，自由这个词的哲学意义不是我们现在所要讨论的议题。

第九章
论财产权

公民共同体一经建立，每个成员所拥有的一切，包括自己，他所掌握的所有资源和所拥有的财物都将毫无保留地奉献给共同体。这一行为并没有使所有权因易手而改变其性质，成为主权者手中的财产，而是由于国家所拥有的力量远远大于个人的力量。从外国人的角度来看，公共占有这一职能更强大、更合法、更安全。因为就其成员而言，国家通过社会契约成为成员全部财产的主人。但是，就另一个国家而言，国家想要成为其成员财物的主人只能建立在最先占有权之上。

最先占有的权利虽然比最强者的权利更为切实，但只有在财产权已经确立的情况下才成为一项真正的权利。每个人都有对他所需要的一切拥有能够占有的天然权利，但是使他占有一件东西的积极行为也会把他同其他行为排除开来。如果其财产所有权一旦以契约的形式确立，那么他就不应当再对社会上的其他财产抱有觊觎的心态。这就解释了为什么最先占有者的权利在自然状态下是如此脆弱，而在公民社会中最先占有权得到了每个人的尊重。在这项权利中，与其说是我们尊重属于他人的东西，不如说是我们尊重不属于自己的东西。

总的来说，要确立对一块土地的最先占有的权利，下列条件是必要的。第一，该土地不得有人居住；第二，土地所有者所占有的土地数量不得超出他生存所需的数量；第三，对土地的占有不能以空洞的形式，而是要通过劳动和耕作，因为这是在没有合法所有权的情况下，被其他人尊重所有权的唯一标志。

把"最先占有权"同劳动和需要联系在一起，这种权利就已经延伸到了极限。有没有可能让这种权利不受限制呢？难道说只要踏上一片土地，就能立即称自己为它的主人了吗？一个人有力量将他人从一块土地上驱逐出去，他就有权阻止他们返回了吗？当一个人或一个民族夺取了一片广阔的领土，并把它与世界其他地方隔离开来，这种行为其实已经是一种应受惩罚的侵占行为了。因为其他人都被这种行为剥夺了大自然所赋予他们的共同居住场所和谋生方式的基本权利。当努涅斯·巴尔博亚站在海岸上，以卡斯提国王的名义占领了南太平洋和整个南美洲时，难道他真的能够剥夺当地居民财产的所有权并把世界上所有的国王都拒之门外吗？从此，这些仪式被以不间断的方式一再重演，那位天主教国王只需要在他的公寓里指点江山就可以占有整个世界，尽管他版图中的很多地方都早已被其他国王所占据。

我们可以想象，个人的土地是如何开始相连接并被统一成为公共领土的，以及主权权利是如何从臣民延伸到他们所拥有的土地的。主权的权利不仅包括臣民的人身权，也包括其财产权。这样一来，土地所有者就会对国家更加依赖，他们以自身性命来保证他们对国家的忠诚。古代的君主们似乎并没有感受到这种优势，他们自称为波斯人国王、斯基泰人国王或马其顿人国王，他们似乎更多地把自己视为民族的统治者，而不是一个国家的主人。当今的主权者则更聪明地称自己为法国、西班牙、英国等国的国王。因此，他们有把握通过控制住这片土地来拥有土地上的臣民。

这种转让的特别之处在于，共同体在接管个人的财物时非但没有掠夺臣民的财产权，反而保证了他们的合法所有，并将占有权变成了真正的权利。因此，臣民作为个人财产的所有者其实也是公共财产的守卫者，他们的权利受到国家所有成员的尊重，一旦受到外来力量的侵害，国家所有力量都将动员起来全力维护。他们通过一种既有利于公众又有利于自己的转让行为，使自己在这一过程中又重新获得了自己所放弃的一切。这种矛盾可以很容易地通过主权者和所有者对同一财产的权利之间的区别来解释。这一点我们将在后面讨论。也可能有这样的情况：人们在没有拥有任何东西之前就开始彼此联合，随后占领了一片对所有人来说都足以维持生存的土地，他们共同享有，或平等分配，或按照主权者确定的比例来分配。无论是何种分配方式，每个人对土地的所有权总是从属于共同体对所有人的权利。没有这种权利，社会关系就不会稳定，行使主权也不会有真正的权威。

在这一章和这一卷的结尾，我将得出以下结论来作为整个社会系统依赖的基石，即社会契约并不会破坏自然的平等。相反，对于人类天生的身体上的不平等，社会契约以道德的和法律的平等使其消失于无形。如此一来，尽管人与人之间在体智上存在着不平等，人类也可以通过社会契约和合法权利去实现真正的平等。①

---

① 在糟糕的政府统治下，这种平等只是浅显且虚幻的，它只能让穷人继续处于贫困之中，富人继续处于富裕的地位。事实上，法律对那些拥有财产的人总是有用的，而对那些一无所有的人则是无用的。由此可以得出结论，只有当所有人都有财产但又不多时，社会状态才对人有利。

第二卷

第一章
论主权是不可转让的

从开始我们所总结的第一也是最重要的推论就是：公意是唯一可以直接按照国家创立的目标即共同利益来指导国家的各种力量，因为如果说个人的特别利益需求使得社会的建立成为必需的话，那么公意的达成则使社会的成立变为可能。正是因为这些不同利益所带来的共同之处才让社会联系得以产生，如果没有了这些利益的契合点，那么社会也就不复存在了。所以社会应当在这些共同利益的基础上进行治理。

我所持有的观点是：既然主权不外乎是对公意的表达，那么它就绝不是可以转让的。主权者是一种集体的存在，除了它自己之外，不能被他人所代表。也许权利确实可以转让，但是意志却不可以。

实际上，个人意志不可能与公意在某一点上达成一致，即使存在这种状况，这种一致性也不会持续。这是因为个人意志天然地总是偏向于自私而公意总是偏向于公平。甚至即使这种一致性是存在的，它也不会有任何保证，因为它并不是有意为之的结果，而是在机缘巧合之下而产生的。主权者可能会说"我的意愿正是代表了某个人的意愿，或者至少说是他说他想要的"，但是却决不能说"某个人明天想要的，也是我所想要的"。因为要求意志为了未来的事情而受到束缚是荒谬可笑的，而且也不能靠他人的意志来许诺不做与某人利益相悖的事。如果人民只会唯唯诺诺一味服从，那么其群体就会因为这种极端的行为而受到消解甚至丧失自身作为人民的资格。只要一个主人出现，那么主权者就不复存在，而原有的政治体也会停止存在。

这并不是说主权者在拥有反对统治者命令的自由时却没有行使权利，统治者的命令也不能算作公意。在这种情况下，普遍的沉默可以被视为人民的同意。这一点将会在下文中详细论述。

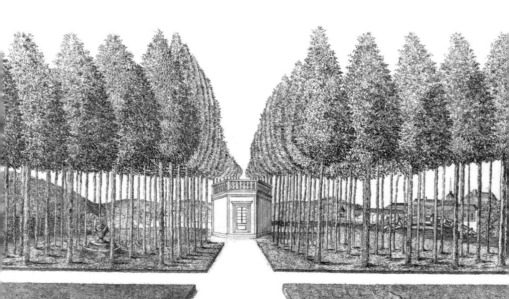

第二章
论主权是不可分割的

　　正如主权是不可转让的一样，同样的道理，主权也是不可分割的。因为意志要么是公意，要么就不是，只是其中一部分人的意志①，要么大致上是全体公民的意志，要么就是其中部分人的意志。在第一种情形中，当这种意志被宣告出来时其是一种主权行为，可以构成法律；在第二种情形中，它只不过是具体意志的表达或者说是一种执法行为——至多是一种法令。

　　但是我们的政治理论家们由于不能将主权原则在原理上进行区分，他们就按主权的目标进行分类，将其分为强权和意志；即将其分为立法权与行政执法权；征税权和战争权；内政权和对外交往权力。理论家们有时将这些权力混为一谈，有时又对它们做出区分。它们将主权者幻化为一种由几个相互连接的部分组成的不切实际的东西，更准确地来讲，他们仿佛想通过几个人的身体来拼凑出一个人，把一个人的眼、一个人的胳膊和另一个人的脚拼凑在一起。据说日本的江湖艺人可以在所有的观众面前肢解一个小孩，然后将身体的碎块扔到空中，最后却会落下一个完整的活生生的小孩。我们的政治理论家也是用的这套戏法，用一种类似在露天市集中表演的幻觉戏法将政治

---

　　① 一般来讲，公意并不代表着全体一致；但是每一张投票都需要被计算在内，否则就违背了普遍性原则。

体肢解，然后又用一种我们不明所以的方式将其拼凑起来。

这一错误的产生是因为我们对主权者权威的含义缺乏准确的理解，把权威的派生部分理解为其组成部分。因此，举例来说：我们将宣布发动战争与维护和平的行为都认为是主权行为，但是实际上它们并不是主权行为，因为这些行为并不能形成法律，而仅仅是法律的应用，是一种决定法律如何应用的具体行为。这在我给附在法律这个词上的思想下完定义以后就会显而易见了。

如果我们以同样的方式来检查其他分类方式，就会发现，每当主权看起来要被分类时，就会产生一种幻觉，那些被认为是主权一部分的权利实际上都是附属性的，他们常常暗指最高意志，是对其履行的一种认同。

对于研究政治权利的作家，由于他们对于这些概念缺乏了解，当他们运用其曾经自我总结的理论对国王和人民的权利做出判断时，就很难对这种概念上的晦涩做出正确的预测判断。在格劳秀斯的第一本书的第三章和第四章中我们可以看到，这位大学问家和他的译者巴贝拉克是如何陷入诡辩当中的，他们担心对自己的所思所想说得过多或说得过少，从而违背了他们所必须加以调和的利益。格劳秀斯，他以难民身份流亡法国，对自己的祖国心怀不满。他渴望追随路易十三并将自己的著作献给路易十三。他不遗余力地抢夺人民的权利并且将其以一个个可以想到的虚假方式授予君主。这一做法非常符合巴贝拉克的品味，他把自己对格劳秀斯的译著献给了英格兰国王乔治一世。但不幸的是，詹姆斯二世被驱逐了，巴贝拉克将其称之为退位，这一事件迫使他在说话时不得不有所保留、模棱两可，以免把威廉描述为一个篡位者。如果这两位作家都采用了符合事实的原理，那么他们所有的困难都会迎刃而解，他们的论述会前后呼应，但是却会可悲地说出他们并不想做到的表达真理并且追随人民。因为真理并不会为他们带来财富，而且人民也无权给人分配一份大使或教授的职务或一份丰厚的退休金。

第三章
论公意是否会出错

通过前文所总结的我们可以看到，公意永远都是正义的而且永远都是代表了公共的利益，但是这并不是说人民的评议也是永远正确的，我们的意志常常是为了我们自身的利益，但是我们却并不能很好地辨别。人民绝不会堕落，但是却总是受到蒙骗，在这种情形下，它看上去好像只会选择坏的。

在众意与公意之间存在着巨大的差异，后者仅仅考虑公共利益，而前者仅考虑私利，它不过是具体的个人利益的总和。但是如果我们从这些相同的意志中去除相抵消的最大数和最小数后 ①，剩下所保留的不同意志仍然是公意。

当人们可以得到足够充足的内容并对其进行评议时，公民彼此之间就不会再进行交流了，这种情况会带来许多细微的差异并不断叠加而产生公意，其对于决策的产生往往是有利的。但是如果有人运用阴谋手段形成以牺牲公众利益的小团体，那么每个这种小团体的意志对于其内部成员来说就变成了公意，而对于国家来说却变成了个别意志：那么我们只能说，再不是有多少

---

① 德·阿让松侯爵说："每一种利益都有它不同的原则，两种特殊的利益达成一致，是由于与第三种利益相对立形成的。"他也许还应该补充一点的是，所有人的利益能够达成一致是由于每一个人的利益都是对立的。如果不存在不同利益的话，那么由于缺乏障碍，共同利益也就很难被感知得到；在这种情形下所有的事物都将自然而然地进行，政治也就不会再成为一门艺术了。

人就有多少投票权，而是有多少小团体就有多少投票权了。公民间的分歧差异不再如过去般数量庞大，但是所产生的结果却也不再具有普遍意义了。最终，当这些小团体中的一个对其他团体呈压倒之势时，那么我们所得到的结果就不再是许多小分歧的总和，而是一个单一的分歧；在这种情况下，就无所谓公意了，占上风的意见仅仅只是个意而已。

因此，如果想让公意更好地表达，国家中就不应该存在小团体，同时公民应该遵循其自身的想法，这是伟大的莱克格斯所提倡的庄严而独一无二的社会模式①。如果已经出现了小团体，那么就像梭伦、努马和塞尔维乌斯所做的那样，尽可能地增加它们的数量以防它们之间变得不平等。这些防范措施是使公意能够常常教导人民并使其远离欺骗的唯一途径。

---

① 马基雅维利说："事实上，有些团体对共和国是有害的，而有些则是有益的。那些拉帮结派的团体是有害的；而不拉帮结派的则是有益的。虽然共和国的缔造者并不能阻止敌对势力的产生，但是却可以阻止他们拉帮结派。"（《佛罗伦萨史》第七卷）

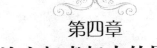

第四章
论主权者权力的界限

如果国家仅仅是一种道德人格，其生命力体现在各成员之间的联合，而它最关心的仅仅是自身的存在，那么就必须有一种普遍的不可抗拒的力量，来保证其每部分的布置和推动都能够对整体是最有利的。如同自然赋予了每个人凌驾于其他社会成员之上的绝对权力一样，社会公约也赋予了政治体管理其成员的绝对权力，这种权力在公意的指导下，就是我们所谓的主权。

但是除了公众之外，我们还要考虑那些构成公众但是生命和人身自由天然独立于公众的个人。因此我们必须清楚地区分公民和主权者各自的权利①，对前者作为臣服者所应履行的义务以及他们作为人所应享受的自然权利分别开来。

我承认，每个人可按社会公约的规定转让其对社会共同体的控制行为具有重要作用的权利、财富和自由；但是需要注意的是唯有主权者才能对重要性的标准作出判断。

一旦主权者对公民提出要求，那么每一个公民都应当尽力做到被要求的每项服务，但是主权者决不能对他的臣服者施加对社会共同体不必要的束缚，甚至都不应该产生相类似的想法，这与其说是依照凡事必应事出有因的

---

① 各位读者请注意，请你们不要急于指责我此处的自相矛盾。由于语言词汇的匮乏，使我无可避免地在术语的遣词造句上形成矛盾；但是请继续往下看。

自然法则，倒不如说是依照理性法则。

把我们和社会联系在一起的那些义务之所以是强制性的，是因为它们是相互联系的，它们的性质如此，一个人在履行这些义务的过程中在为他人服务的同时也是在为自己服务。如果不是大众将"每个人"都当成他自己，在投票过程中都想着自己，公意又怎么会总是正当合理的，而大家又怎么会想着他们中的每一个人都能够获得幸福？这证明权利的平等和观念的公正是由每个人偏好所得来的，也是来自于人的本性。这就证明了公意要成为公意，它的目的和本质必须是具有普遍性的，必须来自于全体并应用于全体，如果它倾向于某个个别的或特定的目标时，公意就失去了它天然的公正性，因为在这种情形下，我们是在对一些与我们陌生的事物做出判断，并没有真正公正有效的原则来指导我们。

事实上，一项个别的问题或个别的权利，只要在某一点上没有被公约所事先规定，那么就会产生争议。在这种争议中，有关的个人代表为一方，公众则为另一方，但在其中我们既不知道应当遵循什么样的法律，也不知道哪一个法官能够给出公正的判决。在这种情况下，将问题赖于公意而迅速解决的话，是荒谬可笑的，因为这只会让得出的结论有利于一方，而对于另一方来讲则是一个外来的特定的意志，这种倾向性容易带来不公正并导致错误的发生。因此，正如个别意志不能代表公意一样，当公意有了某一具体的目标时，就已经对其本质发生了改变，不能够作为公意对某个人或某件事进行判断。例如：当雅典人民任命或罢免他们的首领，授予一个人荣誉或对一个人施以惩戒，如果他们不加区别地运用许多特别的法令来行使政府的一切职能，那么这时严格意义上来讲公意就不存在了，它就不再是一种主权者的行为，而是一种行政官的行为了。这似乎与当下的观念不相一致，但请给我足够的时间来阐明自己的观念。

由此可见，公意之所以能够成为公意，不在于它所能够得到的票数，而在于它具有能够使人们结合在一起的共同利益。在这种制度下，每个人都会服从他所施加给别人的相同的条件，利益与正义这种值得赞美的一致性赋予了公众协商公正性的品质，这种品质在个别事物的讨论过程中，由于缺少用以结合并确定法官判决的共同利益，就会逐渐消失。

无论从哪一方面探讨这一原则我们都会得出相同的结论，社会契约在公民之间建立了一种平等关系，它使我们每个人都遵守相同的条件并由此享受同样的权利。因此按照公约的本质，主权者的每一个行为，也就是公意的每一次真实的行为，都平等地约束着公民的行为并使他们从中受益；因而主权者只承认民族的整体，而不对其组成成员加以区分。那么，什么才是严格意义上的主权行为呢？它不是上级与下级之间的约定，而是社会共同体中每个成员的约定。这个约定是合法的，因为它是建立在社会契约的基础上；这个约定是公正的，因为它对于每个社会成员都是共用的；这个约定是有用的，因为它除了服务于公共利益之外没有其他目标；这个约定是持久的，因为它能得到公众力量和最高权力的保证。只要臣民们服从这样的约定，他们就不是服从任何一个人而是在顺从自己的意志；而要问主权者和公民各自的权利能够延伸到何种程度，就是在问后者自身的履约程度如何，也就是在问每个人对全体以及全体对每个人的履约程度如何。

由此可见，主权者的权力无论多么绝对，多么神圣而不可侵犯，都不能超过公共契约的界限，每一个人都可以按自我意愿随意处理这些契约所赋予他的财产和自由；由此可见主权者绝没有权利使臣民们厚此薄彼地承担更

多，因为如果他这样做了，那么问题就变成个别的了，而这样一来就超出了主权者的能力范围了。

如果承认了这些差异性，那么在社会契约中任何个人权利的真实放弃牺牲就显得不那么真实了。的确，因为契约的存在，他们会发现个人的处境要比过去更为优越。但这并不像他们所宣称的那样是放弃了什么，而是一种有利的交换；他们舍弃了饱含不确定性与不安全的生活方式取而代之的是一种更优越更安全的生活方式；他们以自由取代了天然的独立；以保卫自身安全的能力取代了伤害他人的能力；以变成社会同盟一分子使自身变得不可侵犯的权利取代了他们可能会被他人战胜的力量。他们为国奉献的具有非凡意义的生命也在持续地得到国家的保护；即使是他们在保卫祖国时面临可能会有的牺牲的风险，这不仅仅就是将从国家处取得的东西又重新奉还吗？现在他们为了保护自己所珍视的不可避免地要进行抗争，要冒着生命危险去战斗，但是在国家的自然状态，他们的处境会比现在更危险。当国家需要你的时候，每个人都要为国而战；但是如此一来每个人也就不需要为自己而战了。为了我们自身的安全，我们失去一部分利益是值得的，因为一旦我们失去了国家的保障，我们不就需要独自面对同样的风险了吗？

第五章
论生死权

常常会有人问，既然个体无权处置自己的生命，又怎么能将自己本就不曾拥有的权利转让给主权者呢？对于我来说，回答这个问题的困难在于它本身的描述是错误的。每个人都有权去冒生命危险来保全自己的生命。我们可曾听说过一个人为了逃避火灾而从窗子跳下楼是犯了自杀罪这一说法？我们能因为一个人上船前明知有危险，后死于暴风雨中而指控其做法给他定罪吗？

成立社会契约的目的在于保护缔约双方，想要达到目的的人也要考虑达到目的的手段，而手段必然会包含一些风险因素，甚至是一些损失。想要以他人为代价来保全自己生命的人，在必要时也要准备好了为了他人而牺牲自己的生命。而且，公民不再是法律要求其面对风险的判断者；当君主对他说："你应该死去，这对于国家是一种权宜之计"，那么他就应当去死，因为正是在这种背景下，他才能安全地存活至今，也因为他的生命不再单纯的是自然的馈赠，也是来自于国家有条件的礼物。

对罪犯惩以死刑大体也可以用相同的眼光来看待，为了避免自己成为暗杀的受害者，我们必须同意，如果自己是刺客的话也必须被处死。在这个契约中，人们所考虑的不是怎样剥夺自己的生命，而是如何去保全它，很难想象缔结条约的任何一方当初是为了让自己受到绞刑而来的。

而且，凡是侵犯了社会权利的犯罪分子，都因为其行为而成为国家的反叛者；因为违反法律，他就不再是国家的一员了，甚至可以说他是在向国家宣战。在这种情形下，国家的存在与其个人的存在是不相容的，这两者中必须有一个被消灭。处死罪犯，我们屠杀的并不是公民，而是敌人。判决就是他破坏社会契约的证据，而他自身也不再是国家的一员了。如果他以居住在这里而判断承认了自己的成员资格的话，那么他就必须接受作为契约的违反者而遭到放逐，或者作为公众的敌人而被处死；这样的一个敌人已经不再是一个道义之人，而仅仅是一个个体，这个时候就可以用战争权来杀死被征服者。

但是有人会说，对犯人的定罪是一种具体的行为，我同意这种说法，但是这种定罪行为并不应由主权者来进行，它是主权者可授予却不可自行运用的一项权利。我的所有想法都是一致的，但是我并不能立刻将它们解释个遍。

还应补充一点：频繁的惩罚行为往往是政府软弱和玩忽职守的标志，没有任何一个坏人是我们不能对其进行改造的，国家无权对任何人处以死刑，即使是作为典型也不行，如果他对社会不再构成危险，就应该放他一条生路。

对于宽恕或豁免一个已经由法律所规定并被法官所宣判的罪行，这种权利只属于比法律和法官更加优越的人，即主权者。但是这种权利对于主权者来讲并不明确，而他使用的情况也是少之又少。在一个治理良好的国家中，惩罚行为是很少见的，倒不是因为被豁免的人多，而是因为很少有犯罪行为发生。

第六章
论法律

通过缔结社会契约，我们便使政体得以存在并赋予了其生命；现在所要面对的是通过法律的手段而使其运转起来并表达其意志，因为政体形成并联合所依照的原始行为，并不能决定它为了保护自己而应该做些什么。

事物之所以如此美好以及符合社会秩序，是因为其天性使然，并不是源自于人类的约定。一切的正义都来自其唯一的源泉——上帝，但是如果我们每个人都能够接收这一来自上天的启示的话，那么我们就既不需要政府，也不需要法律了。毫无疑问，普遍的正义来源于理性，但是这种正义要为我们所认可就应当是共有与互利的。从人性的角度来讲，如果自然缺乏自然的制裁，那么对于人们来说法律的判决就没有任何意义；因为这样的法律只是有利于邪恶的人，却对正义带来了毁灭性的效果，因为正直的人会对每个人都践行正义的法律但是别人对他却从不遵守。因此为了使权利和义务相结合，将正义引导向其目标，就需要有契约和法律。在自然状态下的国家中，一切都是公共的，我并没有亏欠我不曾许下承诺的人，并且我意识到只有那些于我无用的东西才是属于他人的，但是在一切权利都依法而规的社会环境中，情况就有所不同了。

但是究竟什么才是法律呢？如果我们简单地从形而上学的意义来探讨的话，我们只会陷入争论而无法真正地了解其含义；即使我们可以对自然法的定义进行解释，但也不会更加透彻地了解国家法是什么。

　　我已经说过了，公意是不会直接涉及具体的目标的，无论这样的目标是在国家之内还是在国家之外。如果是在一国之外，那么这一外来意志就不可能代表公意。如果是在一国之内，那么它就是国家的一部分，在这种情况下，涉及个人的部分与整体之间便形成一种分割对立的关系，部分是一个存在，而缺少部分的整体又是另一个存在。但是整体缺乏了这一部分就不能再称之为整体了，只要这种关系一直存在下去，就不会有整体而只是存在两个不相等的部分，而其所带来的影响便是一部分人的意志对另一部分人来讲绝不能称得上是公意。

　　但是当全体人民为自身制定法令时，其所考虑的因素就仅涉及自身而已，这时虽然形成了一种对比关系，但它也仅是整体的两个方面而已，但是整体并未割裂。在这种情况下，所制定的法令就像制定法令的意志一样是具有公意性质的，这种行为我们就称之为法律。

　　我们说法律所针对的目标总是普遍的，我的意思是法律所考虑的应是所有的臣民以及抽象行为，而绝不是一个具体的人或行为。因此，法律可以规定某些特权，但绝不会指名道姓地将它赋予个人，它也许会为公民设立等级，甚至规定各个等级的成员所应具备的素质，但是它绝不会任命某人是属于这一阶级的；它可能会建立一个王国的政府并确立世袭的继承权，但是它绝不会指明谁能够成为国王，或者提议出一个王室的家族。总之一句话，任何关系到个别目标的功能都不属于立法权。

　　从这一点中我们马上可以看出，不需要询问制定法律到底是谁的职责，因为法律是代表公意的行为，也不用问君主是否凌驾于法律之上，因为君主也是国家的成员之一；也不用担忧法律是否公正，因为任何人都不会背叛自己；也不用问我们怎样既保持自由又服从于法律，因为法律只是我们意志的记载。

　　进一步我们可以看出，由于法律将意志的普遍性与对象的普遍性相结合，那么任何一个人，无论他是谁，都不可能将他依据自身的动机所发出的指令变为法律，甚至主权者对某一特定目标所发出的指令也不会变为法律，这只能称得上是法令，它并不是一种主权行为，而只是一种执法行为的体现。

因此我称呼每一个被法律所治理的国家为"共和国"，而不在乎其管理组织形式如何：因为只有在这种情形下，公共利益才能够得到良好的治理，公共事务才能够得以实现。每一个合法的政府都应该是共和制的①，我将在后面的篇幅中阐明政府是什么。

确切地说，法律仅仅是公民之间相联系的条件，服从于法律的人们应该是法律的制定者，社会条件应该是由组成它的人们来调整。但是他们应该怎样调整社会条件呢？是通过灵感突现而达成的一致吗？政体是否存在一个机构来宣告它的意志？谁能赋予政体以规划的远见并预先行动？或者怎样在必要的时候对其宣布？盲目的人群往往不知道他们想要些什么，因为他们几乎不知道什么才是对自己有利的，这样的人又怎样承担像立法制度那样伟大而困难的工作呢？人们总是希望自己能够获得利益，却又不知道如何才能够实现它。公意总是公正合法的，但是指导它的判断却并不是明智的。因此必须使它看到对象事物的本质，有时候还应当看到它们的表象，必须向它展示探索前进的正确道路以防止个人意志的诱惑，公意必须能够对大众指出时间和空间的一体性，以便能够衡量目前的合乎情理的优势以应对未来隐藏着的邪恶隐患。个人看到了幸福却拒绝拥有它，公众想要拥有幸福却看不到它在哪里。两者都需要加以指导。前者必须要使他们的意志与理智相一致，后者必须要被告知他们所希望的东西是什么。如果这样做的话，公众的智慧就可以使社会整体中的理解与意志结合起来，社会各部分可以完美契合通力合作，使全体的力量得到最大的发挥。为此，我们需要一个立法者。

---

① 我理解的这个词的含义，不仅仅指贵族制或是民主制，而且还普遍指代受公意即法律指导的政府。要成为合法政府，就不能和主权者混为一谈，它只能是主权者的组成部分。在这种情况下君主政体也可以成为共和国。这一点我将在下一章中阐明。

第七章
论立法者

　　为了发现最适合于一个民族的社会规则，就需要一个能通透理解人类所有情感却不受其影响的最高智慧。这种智慧应该和我们的天性完全不相关，但是却又是对其无比了解的；它的幸福独立于我们之外，但是却又关注着我们；最后，随着时间的推移，它必定会期盼一份遥远的荣耀，在这个世纪工作，在下个世纪享受[①]。是上帝赐予了人类法律。

　　卡里古拉从事实的角度推论，而柏拉图则在他名为《政治篇》的著作论述中从权利的角度为公民和国王定义。但是伟大的君主如果是少之又少的话，那么出现一个伟大的立法者的几率又有多大呢？前者只需要遵从后者所规定好的模式。如果说立法者是发明机器的工程师，那么君主就仅仅是安装和启动它的技工。孟德斯鸠说："在社会诞生之初，共和国的统治者建立了各种机构，而后这些机构又塑造了统治者。"[②]

　　应该说，敢于去缔结人民制度的人都应该自信有能力去改变人性，可以将每一个完整又独立的个体改变为更大整体的一部分——其从这一更大的整体中可以通过某一方式获得生命与存在的意义；有能力改变其构成的目标并

---

　　① 一个民族只有当它开始衰退的时候，才会变得引人关注。谁也不知道莱克格斯创建的制度已使斯巴达人享受了几个世纪的幸福生活后，其他希腊民族才注意到这一点。

　　② 见孟德斯鸠《罗马盛衰原因论》。

赋予其更远大的意义；可以用部分道德上的存在来代替我们授之于自然的身体的独立存在。总而言之，他必须拿走个人本就拥有的资源，而代替以外部的没有他人的帮助就无法使用的权力。自然的资源被湮灭得越彻底，则其新获得的资源就越强大和持久，而新的社会制度就越稳定和完美；继而，如果每一个公民离开了他人就毫无意义、无所作为，那么整体所获得的资源就等于或者大于所有个人所拥有的资源的总和，那么我们就可以说，立法者达到了尽善尽美的程度。

在这个国家当中，立法者从每一个方面都是非凡的人物。之所以这样并不仅仅因为其天纵奇才，还因为他所行使的既不是行政官也不是主权者的职责。其缔造共和国的职责并未在宪法中得以体现，这是一种与人类帝国毫无关联的纯粹个人的和超然的职责；如果说控制人的人就不应该去控制法律，那么控制法律的人也不应该去控制人；否则他的法律将会被其情感所支配并仅仅为其的不公正性所服务，他个人的目标将不可避免地损害其事业的神圣性。

当莱克格斯为他的国家创建法律时，他放弃了他的王位。委托外部人士来建立法律是大部分希腊城邦的习俗，现代意大利共和国也遵循此例；日内瓦也得益于做了同样的事情①。罗马在其最繁荣的阶段，由于将立法权和主权力量合为一处，使得其遭受了罪恶的暴行，并使得国家走向了覆灭的边缘。

然而，即使是古罗马的十大行政官也从未宣称他们有权凌驾于法律之上。他们对人民说："你们提议的任何内容，未经你们的同意，我们都不能通过而成为法律，罗马的人们啊，只有你们自己才能够成为为你们带来快乐

---

① 那些以为加尔文只是个神学家的人大大低估了他的天才程度。在编纂那些我们引以为傲的法典的工作中，他扮演了极为重要的角色，其荣誉不亚于他创作的《教义》。无论革命时会给我们的宗教带来什么影响，只要我们依旧相信爱国主义精神以及自由主义精神，我们就会永远怀念这位伟人。

的法律的制定者。"

因此，起草法律的人不应该有立法的权力，而人民即使希望也不能剥夺走这项不可转让的权力，因为按照基本的契约，只有公意才能够约束个人，我们不能保证个人意志与公意相一致，除非它被置于人民自由的投票权之下。这一点我之前已经论述过，但还是值得再重复一遍。

因此在立法工作中我们发现了两件矛盾的事情：一项超越人力的事业以及一份难以贯彻的权威。

还有一个困难值得关注。精英人士如果用他们自己的而非普通人的语言向大众群体宣讲，也许并不能使大众理解。因为有成千上万的想法没有办法翻译成通用语言。过于一般的概念以及过于遥远的目标都是无法得到良好的翻译的：每个个体对于政府满足于其利益之外的计划都是不感兴趣的，因此他们很难发现无法从中得到利益的良法的优越性在何处。要让一个年轻的民族理解政治学原理的基本原则并且遵循治理国家的基本规则，就需要倒置因果，使本应是制度产物的社会反而去支配制度的建设，人们应该在法律出现之前就变为依赖法律的样子。因此立法者既不能诉诸武力也不能依赖理性，而必须采用一种不用暴力也可以对人进行约束，不用说服也能对人进行劝导的权威。

正是因为如此，才迫使各个时代国家的缔造者们求助于神明启示的干预并且将自身的智慧归功于上帝，目的就是使人民像顺从天性一样服从于法律，并且使其认识到人和城市的构成都是源于同样的权威，以便人民在公共幸福的统治下自愿地接受驯服。

立法者将这一超出普通大众理解的伟大理由通过不朽的神明的决定的形

式表达出来，以此来驱使那些为人类慎思所不能限制和驱动的人。[①] 但是并不是所有人都能够使上帝发声，也不是任何一个人在宣称他自己是上帝的传道者时都能够令自己信服。立法者的伟大灵魂是证明其使命的唯一奇迹。任何人都能够雕刻石碑，或者贿买一道神谕，或者假装和上帝交流，或者训练一只鸟在耳边窃窃私语，或者找到一些其他庸俗的方法来愚弄人民。这种缺乏远见卓识的人或许可以在身边集结起一群笨蛋，但是却永远不能建立起一个帝国，而其无聊的言行也很快会烟消云散。无意义的欺骗只能形成短暂的联系，只有智慧才能令其持久。至今仍然存在的犹太法律以及统治半个世界超过千年的以实玛利的孩子所制定的法律，仍然显示着这些人的伟大，即使骄傲自大的哲学家和盲目的思想理论派别只是将他们视为幸运的行骗之人，真正的政治理论家也能够从他们所创建的制度中发现支持其伟大事业持久永存的强大智慧。

　　然而我们不应该就此得出和华博登相同的结论，即政治和宗教有着相同的目标，而应该说，在民族始建之初，其中一方是扮演着另一方工具的角色。

---

　　① 马基雅维利说："事实上，在任何一个国家，没有一个卓越的立法者未曾求助于上帝的帮助；否则他制定的法律就不会被人所接受；有许多通用的事实已经被睿智的人所认知，但其本身却缺乏令人信服的清晰的原因"（《李维论》第五卷第十一章）。

第八章
论人民

正如在建造一座大厦之前，建筑师要测量和探听所在用地是否能够承载建筑物的重量，明智的立法者同样在制定法律之前并不关注其自身是否为良好的法律，而是先调查法律所针对的人们是否接受它，欢迎它。柏拉图由此拒绝为阿加迪亚人和普兰尼人制定法律，因为他知道这两个民族都是很富有并且不能够接受平等的；也正因如此，在克里特岛上同时出现了良好的法律和无耻的恶人，因为迈诺斯将其自身的恶习强加给统治下的人们。

这个世上有成千上万的民族在从未接触过良好的法律的情况下创造出伟大的成就，或者说即使它们曾经接受过良好的法律，但是对于它们悠久的历史来讲也仅仅是一瞬间。大多数民族就像大多数普通人一样，在年少时温顺，但在年老时就变得不可救药了。传统一旦形成偏见并扎根，那么对其进行改进的尝试就是危险并且徒劳的了；就像愚蠢和胆怯的病人一旦见到医生就会号啕不止，人们甚至无法忍受为了改正他们的错误而表现出的指手画脚。

就像一些疾病确实会使人遗忘过去，国家在历史上也确实会出现一些充斥着暴力与革命的时期，正如对个人的影响一样也会给当时的人们带来危机；对于过去的恐惧代替了遗忘，而国家也会在历经战火的灰烬后获得重生，摆脱死亡的阴影重新迸发出活力。莱克格斯时期的斯巴达人就是如此，塔尔干王朝后的罗马也是如此，而在现代，将暴君驱逐后的荷兰和瑞士也是如此。

　　但是这些事件都是罕见的，都是一些个例的存在，这一点也许可以从这些国家的特殊体制中找到原因。它们不会在同一个民族中发生两次，因为只有保持野蛮的特性，它才可以保持自由的状态，一旦其公民失去活力的时候，它就不可能如此了。随后骚乱会摧毁它，而革命也不能再使其重新得到修正，此时他需要的是一个主人而非解放者。自由的民族们，请铭记这一格言："自由可以掌握在自己的手中，但是却不能重新被恢复。"

　　青春不是婴儿期。和人一样，每个国家都有一个青春期，或者说是成熟期，在这之前他们不会臣服于法律；但是一个民族的成熟并不是容易识别的，如果它是以大众的期待而发展的话，那么整个民族的发展就会毁于一旦。有些民族生来就可以接受纪律的约束，而有些民族即使过了上千年也不能。俄罗斯永远不会成为真正文明的民族，因为他们被开化得太早了。彼得大帝是一个模仿的天才，但是他缺乏创造性和使事物从无到有的能力。他确实做过一些值得称赞的事情，但是他所施行的大部分行为都是不得要领的。他懂得自己的人民是野蛮的，但是却并没有认识到他的人民没有成熟到可以开化的地步，在他的人民仅仅需要稳定认知的情况下，他却想使大家文明起来。当他需要塑造俄罗斯人的时候，他却想把大家变成德国人或者英国人；他劝导人民变为他们尚未变成的样子，而这恰恰阻碍了他的人民变为他们可能变成的样子。就像在这一潮流中的法国教师，他先把自己尚未成年的学生变成天纵奇才，但是结果却是他的学生在余生里不值一提。俄罗斯帝国想要征服整个欧洲，但是它自己却被别人征服。

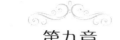

第九章
论人民（续一）

正如大自然为一个身材匀称的人限定了成长的界限，如果超过了这一界限，那么他不是成为一个巨人就是成为一个侏儒。同样地，对于一个体制健全的国家，它的幅域也是有最佳限制的，最好的选择就是它既不会太大而影响了国家的良好治理，也不会因为太小而使自身陷入生存的困顿。每一个政体都有一个其所适合的最大极限力量，而超过这一极限的每一次扩大都意味着自身力量的流失。每一次对于社会纽带的延伸都意味着使其变得更加松弛；一般而言，一个符合比例的效果要比一个大国更加强大。

有成百上千条理由支持这一原则。首先，遥远的距离使得管理变得更加困难，就像杠杆越长在其末端的物体会越重一样。因此距离越远，行政管理也就会变得越来越具有负担；因为首先，每个城市都有它自己人民支撑的行政管理系统，每个地区也有需要自己人民支撑的管理系统，由此延伸到每个省、更大的政府机构、总督的辖地乃至王室的领地，级别越高，管理的花费也就越巨大，而这往往是由贫困的人民所负担的，最后还有让其他管理系统都黯然失色的最高行政管理机构。所有这些过度的负担必将抽光臣民们的骨血；而有这么多不同级别的管理机构所进行的管理反倒不如单一的管理机构管理的好。同时，遇到紧急情况时，人们并没有足够的资源去应对，而当资源告急时，国家往往就意味着走向了覆灭。

不仅如此，政府缺乏足够的精力以及迅速的行动去保证法律实施的畅通，纠正错误的行为，防止职权的滥用以及偏远地区叛乱的发生；人民与统治者从未谋面而缺乏情感，他们的国家在其眼中仿佛异域，而对于他们的同胞也是互不相识。要使那么多处在不同气候条件下，彼此独立又具备不同文化背景的区域接受同一部法律，接受同一的管理是不太可能的。然而对于在同一统治者管理下的人们施行不同的法律，却只会带来麻烦和混乱，而且他们彼此之间不断交流、混居和通婚，接受着新的文化习俗，使得他们自己都分别辨不清自己的传统究竟为何物了。在这样一个由最高中央集权聚合在一起而人们彼此之间并不熟悉的社会中，才智必然会被泯灭，美德会变得无人知晓，而恶习却不会受到惩罚。领袖们忙于公务，不能事必躬亲，国家实际上是由下层的小吏进行管理的。最终，为了维护那些在偏远地区的官吏希望逃避或吸引公众注意的公共权威，那些不得不采取的措施吸干了公众所有的能量，使人们不再感受到幸福，甚至在必要时都没有保护自身的足够力量。这样在自身压力的重担下，过于臃肿的制度机构必然会被其重担所压垮。

同时如果国家为了保持自身的稳定，为了自身能够抵御其从未经历过的动荡，它就必须努力维持自身的稳定，确保自身根基的安全；因为所有的人

都有一种离心力，这使他们彼此之间不断地相互影响相互碰撞，像笛卡尔所说的漩涡一样试图以牺牲邻国为代价来扩大自己。因此弱者很快就会有被吞并的风险；而且除非每一个人都处于一种平衡的状态，将压力保持在平等的状态中，否则谁也不能保护自己。

由此可见，急需要扩张的理由，也需要收缩的理由；能在两者之间找到对于国家最适合的判断绝非一项平庸的政治技能。我们一般可以这样说，扩张的理由是外在的和相对的，所以其应当附属于收缩的理由，因为收缩是内在的和绝对的。一个有力的、健康的体制是人们所最先追求的，对于一个良好的、有活力的政府的依赖应该超过对广阔领土资源的依赖。

此外我们知道，有些国家由于其制度的需要，征服是其自身的重要组成部分，所以为了维持自身需要，就要不断地进行扩张。也许它们自己会暗自庆幸这一幸运的需求，但是却不知这恰恰预示了它们自身辉煌的极限，衰弱不可避免地将会来临。

第十章
论人民（续二）

我们可以通过两种方式来衡量一个政体：一是领土的大小，二是它所管辖的人民的数量；而在这两种衡量方式之间存在着一个恰当的联系方式，它可以促使一个国家变得伟大。人民构成了国家，而领土供养了人民，因此，这个恰当的联系是：一个国家的土地能够足够供养其居民，而居民的数量恰好是土地所能供养的数量那么多。这个比例为一定数量的人民提供了最大限度的力量。如果拥有太多的土地，就会为国家的守卫带来麻烦，耕种生产得不到充足的发展，供过于求，很快就会引发防御战争；但如果土地不足，一个国家就只能依靠其邻国来满足自身不足的需求，而这样就会引发侵略战争。每个民族，如果因为其所处的位置只能够在从事商业与发动战争中选择其一，那么其本身就是非常脆弱的。它的发展要依赖邻国，受制于其所处环境，那么其自身的存在也只能是短暂和不确定的。在这种情形下，它要么征服他人改变自身所处的环境，要么就只能被他人所征服自取灭亡。也就是说，它只能通过将自身变得或渺小或伟大来保持自身的自由。

国家是没有办法确定本国领土和人口之间恰当的比例关系的，这是因为土地的品质、肥力等因素的不同，导致其产品的属性也不甚相同，同时气候影响因素以及本地居民的脾气秉性等也不甚相同；在土地肥沃的乡村生活的一些人消费的少而在土地贫瘠之地生活的另一些人则会消费的多。同时妇女生育率的高低，一个地区对于人口增长的影响程度以及立法者对于他所确立的制度所期望能够施加的影响力等都应纳入考虑范围中。因此立法者不应以他看到的作为行为的依据，而应该凭借其所预见到的；不应根据国家现在人口的情况，而应该以人口本应天然地达到的情况作为依据。最后，许多特殊的原因如受环境影响许多人会获得比自身需要更多的土地等情况也应纳入考虑范畴之中。例如：山区地域的人可以对他们的土地扩大面积，因为那里的产物如树木、牧场等不需要过多的劳动力，同时经验告诉我们，山区的妇女要比平原的妇女拥有更高的生育率，在那种地形下，只有一小部分集中的斜坡可供种植；另一方面，即使是在几乎寸草不生的岩地和沙地中，对于土地进行缩减也是有可能的，因为捕鱼可以在很大程度上弥补土地生产的不足，而当地居民不得不集中居住以应对海盗的威胁，而且他们也很容易利用殖民的方式来解决多余的人口负担。

对于这些制定法律的条件，我们还必须加上一条，这一条无法代替其他的条件，而且缺少了它，其他条件都将归于无效。这一条就是使人们享有和平与富足，就像一支军队在组建时一样，国家建立之初是最缺乏抵抗能力以及最容易被摧毁的。一个国家即使是在绝对的混乱期也比其处于初始状态下拥有更好的抵抗能力，因为此时每个人所关注的只是自己所获得的地位而非将要面临的危险。如果此时发生如战争、饥荒以及叛乱等危机，那么这个国家将不可避免地被推翻。

并不是说在这样动荡的环境下政府是不可建立的，只是在这种情形下许多政府成为自己国家覆灭的掘墓人。篡位者往往会制造或者选择在混乱的时刻利用大众的恐慌来通过人们在头脑冷静的时刻绝不会接受的破坏性法律。对于时机的选择是区分立法者与暴君最明确的方法之一。

那么什么样的民族适合接受法律呢？这样的民族应该具有以下特点：它们已经被某些统一的联合体或利益或约定束缚在一起却从未真正意识到为法律所束缚的为何物；它们没有根深蒂固的文化习俗和迷信思想；它们不会因

突然的侵略而不知所措；它们不会因任何人的一面之词而介入邻国的纷争或者能够获得其中一方的支持而击退另一方的入侵；它们中的每个成员都对其他人拥有良好的认知并且不会让一个人承受其所不能承受的重担；它们不必依靠其他民族而其他民族也不必依靠它们而过活；① 它们并不富裕也不贫穷，能够做到自给自足；最后它们能够将一个古老民族的坚韧性与一个新兴民族的驯服性做到良好的结合。立法之难不在于其所必需要建立的东西而在于其要去破坏的东西；成功的前例这么少的原因就在于几乎不可能找到一个与社会需求相吻合的简朴的本性。确实，所有的这些条件很少被聚齐，所以，拥有良好体制的国家少之又少。

在欧洲还有一个能够为之立法的国家——科西嘉岛。他们在恢复和保卫自身自由方面所表现出的勇猛和坚毅的品质值得一些智者来教授他们如何保护自己所赢得的自由。我有种预感，这一小岛终将有一天会震惊整个欧洲。

---

① 如果两个相邻的民族，其中一个离开另一个就无法生存，那么对于前者来讲这种情形就十分艰难，而对于后者来讲就是十分危险的。每一个明智的民族在这种情形下都会快速地寻求独立，摆脱对对方的依赖。被包围在墨西哥帝国内的斯拉斯加拉共和国宁可不吃盐，也不愿从墨西哥人手中购买，更不愿接受对方的馈赠。斯拉斯加拉人明智地看出这慷慨背后隐藏的阴谋。因此他们保住了自己的自由，而这个被大帝国包围其中的小国家却成为大帝国的覆灭的工具。

十一章
论不同的立法体系

如果我们自问，一切立法体系最大的福祉是什么，我们最终会追寻到两个主要的目标——自由和平等，需要自由是因为所有个体的依赖都意味着多数的力量从国家中抽离，而需要平等的理由在于自由并不能脱离它而独存。

我前面已经对公民自由进行了定义；至于平等，我们不应浅显地认为权力和财富的程度对每个人都应该是完全平等的；但是权力绝不应扩展为暴力，而必须以等级和法律为依据；而在财富方面，不应使公民富裕到可以购买他人，也不应使公民贫穷到需要出售自己。[①] 这就意味着顶层人士应该在财富与地位上有所节制，而普通人则应该对自己的贪婪和欲望进行节制。

我们会说这种平等是不切实际的、理想化的以及在实际生活中并不存在的。但是如果对它的滥用是不可避免的，我们是否至少应该制定相关的制度规则来规范它？正是因为环境的力量总是倾向于摧毁平等，这就需要立法的力量应始终倾向于维护它。

[①] 如果目标是使国家变得稳固，那么就应使两种极端的情况尽可能地接近，不允许有富人也不允许有乞丐。这两个等级在本质上是不可能分离的，而他们对公共利益都是有害的：一者是暴政的拥护者，而另一者会产生暴君。公众自由成为放在这中间自由叫卖的商品。

不过，所有良性立法体系的普遍目标都会依据当地的情形和居民的品性做出调整；每一个民族都应该在面对这些情形时建立特殊的体制，也许这一体制本身并不是最好的，但是对于注定要采用这一制度的国家来讲确是最好的。例如，如果土地是贫瘠和低产的，或者居民生存空间过于狭窄，人们就应该转而发展工业和手工业，用生产出的产品来交换他们所缺乏的商品。如果相反，人们居住在富庶的平原和土壤肥沃的山坡，或者是人口稀少的优质土地上，那么就应该集中力量发展有利于人口繁殖的农业，放弃发展因当地居民本就不多又为了发展而集中在一起而导致人口减少的手工业。[①] 如果一个民族生活在广阔和便利的海岸线上，那就努力发展商业和航海业，使船只覆盖整个海面，它将会拥有短暂而光荣的生活。如果在海岸的一侧，除了有大海能冲刷到的难以攀登的荒岩外别无他物，那么就让它保持蛮荒的状态吧，也许这才最适合当地人，也最能为他们带来安静与幸福的生活。总之，除了大家都遵循的准则外，每个民族都会受到某些因素的影响，其自身具有特殊性，而这也会体现在他们的立法中。因此，古代的希伯来人和近代的阿拉伯人以宗教目标作为立法的主要指导，雅典人以文学，迦太基人和梯尔人以商业，罗德岛人以造船业，斯巴达人以战争，而罗马人以美德作为立法的目标。《论法的精神》的作者用众多实例展现了立法者是怎样使用艺术般的手段将制度导向这一目标的。

要使一个国家的制度能够真正地坚固和持久就需要从实际出发，以使自然关系和法律在每一点上都能够保持一致，而且应当这样说，法律仅是为了保障、伴随和矫正自然关系。但是如果立法者在他的立法目标上犯了错误并且采用了不符当时情形要求的原则；如果他的原则本应成就自由但是却成就

---

① 德·阿让松侯爵说："任何一种形式的对外贸易总体而言，只会为王国带来表面上的好处；它可以使一些人甚至是城镇变得富裕起来；但是整个国家却得不到任何好处，人民的生活也不会因此而得到改善。"

了奴役，或者如果本应服务大众但最后却服务了富人，或者他的原则本应倾向于征服却最后倾向了和平，那么法律将不知不觉地失去其影响力，制度将会被改变，国家在被毁灭或被改变之前将会陷入永无止境的动荡，于是不可战胜的自然将会恢复它巨大的影响力。

十二章
论法律的分类

为了使一切都变得合理有序，也为了给大众带来尽可能最好的公共福利，有许多不同的关系需要纳入考虑中。首先，需要考虑整个共同体对于其自身的作用，也就是整体和整体之间的关系，主权者和国家之间的关系，这种关系正如我们所见，是由中间体之间的关系组成的。

调节这种关系的法律被称之为政治法，如果这个法律是明智的，我们也可以称之为基本法。因为如果每个国家只有一种良好的体系，那么已经发现它的人们就应该马上遵循它；但是如果业已建立的体系是坏的，为什么法律要阻止人们将良好的法律当作基本法呢？除此之外，不论何种情况，即使是良法，人们也总是有权改变他们自己的法律的，因为即使他们选择伤害自己，但是谁又有权去阻止他们呢？

第二种关系是成员之间或者说是成员与共同体之间的关系；在这种关系中，前者应处于不重要的位置，而后者应尽可能地得到重视。每个公民都应该独立于其他任何人，但同时又应该紧紧依靠于城邦；城邦也是依靠同样的

方式创立的，因为只有国家的力量才能够保证其成员的自由。民法也是从这一关系中诞生的。

　　我们还应考虑个人和法律之间的第三种关系，即违背和惩处之间的关系。这一关系为刑法的建立提供了需要，实际上，刑法与其说是一种特别门类的法律，不如说是对其他所有法律规定的不当行为明确的惩罚措施。

　　除了这三种法律之外还应该谈到第四种法律，也是最重要的一种法律，这种法律不需要雕刻在大理石的丰碑上，也不需要镌刻在铜表上，而是铭刻在公民的心里。它是一国真正的宪法，当其他法律逐渐衰败或灭亡时，它却每天都在凝聚着新的力量，恢复或者代替那些旧法，它使人们保持本来的生活方式，并在不知不觉中用习惯的力量代替权威的力量。我们所谈论的是道德、习俗，更重要的是公众舆论；这一力量尚未被政治家们所认知，但是其他所有的法律能否成功地实施却都仰赖于它。伟大的立法者秘密地关注着它，它看起来好像仅仅是个别的规章，但是这些仅仅是穹顶的支架，只有慢慢形成的习俗和道德才能最终成为不可动摇的基石。

　　在这几种不同种类的法律中，只有决定政府形式的政治法才与我的话题相关。

第三卷

　　在谈到不同形式的政府之前，让我们试着理解这个词的确切含义，但这个词还没有得到很清楚的解释。

第一章
政府总论

我提醒读者，这一章需要仔细阅读，因为对那些不想集中注意力的人，我是无法把我的意思讲明白的。

每个自由行动都是由两个因素共同造就的：一个是道德，即决定行为的意志；另一个是物质，即执行该行动的物理上的力量。当我朝一个目标前进时，首先我必须有意愿去那里，其次，我的脚必须能够支撑我行走。如果一个瘫痪的人想去跑，或者一个活跃的人不想跑，那么他们都只会待在原地。政治体的行为特征也同样有这两种驱动因素；这里也可以划分为精神上的意志和物质上的力量，以立法权所代表的意志和以行政权所代表的力量。没有这两方面的促成，政治体任何事情都推动不了。

我们已然看到立法权是属于人民的，并且只属于人民。另一方面，从前面章节所确定的原则可以很容易地看出，行政权不具备立法或主权的普遍性，因为它只是由特定的实施行为组成，这些行为已在法律的范畴之外，也超出了制定法律的主权范畴。行政权不像立法权和主权那样完全属于人民所有。

因此，公共力量需要一个代理机构将自己力量集合在一起，并在公意的指导下开展工作。这个代理机构作为国家和主权之间的沟通手段，类似于灵魂和肉体合二为一那样运作。这就是政府存在的基础，政府常常被错误地与主权相混淆，但其实政府只是主权的执行者。

那么，什么是政府呢？可以这样定义，在人民和主权之间建立的中间机构，以确保他们的相互沟通，负责执行法律、维护公民权益和社会政治自由。

这个机构的成员被称为行政官员或国王，也就是管理者，整个机构被称之为统治者。[①] 如此看来，那些认为人民把自己置于统治者领导之下的行为不是契约的人当然是对的。这仅仅是一个委托任命，一种雇佣关系。这种情况下，统治者仅仅是主权者的代理者，以主权者的名义行使权力。主权者可以在任意时间限制、修改或回收这种权力。因为这种权力的异化与社会主体的性质是不相容的，也与社会契约的目的相违背。

因此，我将行政权力的合法行使称之为政府或最高行政机构，将受托管理的人或机构称之为君主或行政官员。

政府中的中间力量之间的比例关系就构成了整体与整体的关系，或主权者与国家的关系。我们可以用一个连比的两个外项来表示主权者与国家的比例关系，而连比的中项就是政府。政府从主权者那里接受发布给人民的命令，而如果要使国家处于恰当的平衡状态，就必须衡量所有因素，使政府本身的产出或权力与公民的产出或权力之间达到平等状态。

此外，这三项中的任何一项发生改变，都会破坏原来的平衡状态。如果主权者想要行使政府职权，或者行政官想要颁布法律，或者如果人民拒绝服从，混乱就会取代规则，权力和意志共识将不复存在，国家就会解体，陷入专制或无政府状态。最后，由于每种比例关系只有一个比例中项，一个国家也只会有一个好政府。但是，由于无数的事件可能会改变民族民众的关系，不同的政府不仅需要对不同的民众有益，而且在不同的时期对相同的民众也要有益。

为说明这两个极端之间可能存在的各种关系，我将以人口数量为例，因为这是最容易表达清楚的例子。

---

① 因此在威尼斯，即使总督缺席，议会也会被称为"最尊敬的统治者"。

假设国家由一万名公民组成，主权者只能被视为一个集体和整体；但是每个公民成员被认为是一个个体。因此，主权者对公民的比例是万比一，即国家的每一个成员只有一万分之一的主权权力，也就是公民完全从属于主权者。如果公民人数达到十万，公民主体的地位状况不会改变，每个人都平等地受法律的管辖，但他的投票权将会减少到十万分之一，对起草制定法律的影响也减弱到了十万分之一。因此，公民主体始终是单一个体，主权者对公民的比例关系随着公民人数的增加而增加。由此可见，国家越大，自由就越少。

当我说这种比例关系增加时，我的意思是它变得更加不平等。因此，它在几何意义上越大，在普通意义上的关系就越小。在前一种意义上，根据数量来考虑比例关系的大小；在后者中，根据同一性来考虑比例关系，它通过相似性来判断。

现在，个别意志与公意的比例关系越小，即道德对法律的比列关系越小，强制力量就越应该增加。因此，政府要想做得好，就应该随着人民数量的增加而相应地变得更强。

另一方面，随着国家的发展，公共权力的持有者受到更多的诱惑和滥用权力的机会，政府为控制人民而被赋予的力量越大，主权者对政府的掌控力量也应该越大。我说的不是绝对的力量，而是组成国家的不同部分之间的相对力量。

从这种双重比例关系中可以看出，主权者、行政官和人民之间的连续比例绝不是武断臆造的，而是政体性质的必然结果。再进一步，在另一端，即民众，作为公民主体的人是固定的，由统一的整体来表示，每当双重比率增加或减少时，单项比率也发生同样的变化，中项也会相应地随之改变。由此我们看到，没有一种单一且绝对的政府形式，存在多少大小不同的国家就会有多少性质、形式不同的政府。

如果有人嘲讽这个制度，说为了找到比例中项并以此建立政府，只需要按我说的计算公民人口数量的平方根就行了。我给出的回答是，这里只是拿人口数字作为一个例子，我所说的比例关系不是仅仅用人口的数量来衡量的，而是用众多动因来衡量的，行动是多种因素的结合；此外，为了简化的需要，我才借鉴了一下几何学的术语，我当然清楚道德方面的考虑不可能像几何学那样精确。

政府是大规模政治体的一个小型化存在，政府本身也是政治体的一部分。它是一个被授予了某些权力的虚拟的道德人格，像主权那样主动，像国家那样被动，能够被分解成其他类似的比例关系。因此，这就产生了一个新的比例，根据行政官员的级别继续分解，将这个比例中拆分成更小的比例，直到达到一个不可分割的比例中项，即一个唯一的统治者或最高行政官。在这个过程中，首领或者最高行政官可以被设想为位于这一数列中间，是分数序列和整数序列之间的那个"一"。

我们不需要为这种术语的增加而烦恼，只需简单地把政府视为国家内部的一个新主体即可，它不同于人民和主权者，而是他们的中间机构。

这两个主体之间有一个本质的区别，那就是国家是独立存在的，政府只能从属于主权者而存在。因此，政府的主导意志是或应该是公意或应该是法律；政府的力量仅仅是集中授权给政府的公共力量，一旦政府试图采取任何绝对和独立的行为，那捆绑集体公共利益的纽带就会开始松动。如果最终政府私意比主权者的意志还要活跃，并按照这个私意行使手中的公共力量，这样将会有两个主权者，一个是法律上合法的主权者，另一个是事实上的主权者。此时社会联合体将立即消失，政治体也将随之解体。

然而，为了使政府能够有真正存在，使其成为有别于国家实体的真实存在，也为了使其所有成员能够一致行动以实现其成立的目的，政府必须有一种独立的人格，其成员应当拥有共同意识，拥有维护政府的力量和意愿。这种特殊的存在意味着需要议会制、委员会、审议和决策的权力、各种权利、头衔和特权，并使行政官的职位能够随着级别的上升而更加受人尊重。困难在于如何在国家的整体中安排政府这种小整体，使得政府不会通过强化其自身而改变国家的性质，并且总是能够将它维持自身存在的自有力量与维护国家的公共力量区分开来。总之，应随时准备为人民而牺牲政府，永远不会为政府而牺牲人民。

此外，虽然政府这一人为设置的机构是另一人为设置机构的产物，只有外借的和从属的生命，但这并不妨碍它具有或多或少的活力，或者说拥有或多或少的健康机体。最后，政府不会直接偏离其被建立的目的，但有可能或多或少地偏离一点，这取决于它的建立方式。

各种不同因素产生了各种比例关系，那些偶然的或者特殊的比例关系会改变国家自身，而国家的改变又会导致政府对国家的比例发生改变。因此，政府应该对其所属政治体的缺陷进行改进，不然，即使是最好的政府也会变成最糟糕的政府。

第二章
论不同形式政府的建立原则

为了阐明上述分歧的一般原因，我们必须在此区别政府及其原则，正如我们以前区别国家与主权一样。

行政官团体的成员人数可多可少。我们之前说过，人民的数量越多，主权者对于臣民的比例就越大，通过一个明确的类比，我们可以说，政府与官吏的关系也是成比例的。

但政府的力量总归是属于国家的力量，是不变的；所以，它在自己成员身上花费的力量越多，它留给全体人民的力量就越少。

因此，行政官的数量越多，政府就越弱。这是个根本准则，我们必须尽力把它说清楚。

在行政官的身上，我们可以区分出三种本质上不同的意志：首先，个人的私人意志，只倾向于他的个人利益；第二，行政官的共同意志，只与君主的利益有关，可以称为团体意志，相对于政府来说这是一种公意，但相对于政府从属的国家来说，这是一种个别意志；第三，人民的意志或主权者的意志，无论是对被视为整体的国家，还是对被视为整体一部分的政府来说，都是一种公意。

在一个完善的立法体系中，个人或特定意志应该毫无分量；属于政府的团体意志应该处于非常从属的地位；因此，公意或主权意志应始终占主导地位，并应成为所有其他意志的唯一指导。

另一方面，根据自然规律，这些不同的意志越集中它们就越活跃。因此，公意是最弱的，团体意志次之，个人意志最强。因此，在政府中，每个成员首先是他自己，然后是一个行政官，然后是一个公民——这一顺序与社会秩序所要求的正好相反。

有一点是肯定的，即如果整个政府掌握在一个人的手中，那么个人意志和团体意志就会完全结合起来，因此，团体意志就会达到可能达到的最高强度。但是，由于力量的使用取决于意志达到的程度，而且政府的绝对力量是不变的，因此，最活跃的政府是属于一个人的政府。

另一方面，假如我们把政府和立法权联合起来，把主权者立为君主，把所有公民都立为行政官，那么，团体意志就会与公意相混淆，就不能拥有比公意更大的活动性，从而使个人意志放任自流。因此，始终具有绝对力量的政府，将处于其相对力量或能动性的最低点。

这些关系是无可争辩的，还有其他一些考量也进一步证实了它们。例如，我们可以看到，每一个执政官在他所属的机构中都比每一个公民在他所属的机构中更为活跃，因此，个体意志对于政府行为的影响要大于其对于主权者行为的影响。因为每一个行政官几乎总是被赋予某种政府职能，而每一个公民单独来看却没有行使主权的职能。此外，国家发展得越大，它的实际力量就会增长得越多，尽管这与它的国土面积并不成正比；但是如果国家保持不变，不管行政官的数量增加到任何程度，政府也不会因此

获得任何更大的实际力量。因为它的力量是国家的力量，其状态是保持不变的。因此，政府的相对力量或活跃程度会减弱，但其绝对力或实力却不能增加。

此外，可以肯定的是，负责执行的人增多，执行的及时性会下降。如果过分谨慎，就无法把握住时机；商议得过多，往往会无果而终。

我刚刚证明了政府的散漫与行政官人数的增长成正比，我以前也证明过，人民越多，镇压的力量就应该越大。由此推断，行政官与政府的比例应与臣民与主权者的比例成反比；这也就意味着，国家越大政府越应该收缩，这样统治者的数量就会随着人民数量的增加而减少。

需要补充的是，我在这里谈论的是政府的相对力量，而不是它的正当性。因为行政长官的人数越多，团体意志就越接近于公意。相反，如果只有一个行政官，那团体意志就只是一种个体意志而已。因此，有得必有失，立法者的艺术是知道如何把握好政府力量和意志的平衡点，让这两个互为反比的东西以一种最有利于国家的比例结合起来。

第三章
论政府的分类

我们在上一章已经看到，为什么要通过政府成员的数量来区分不同形式的政府，而本章所要探讨的是这种分类是如何形成的。

首先，主权者可以将政府的责任交给全体人民或大多数人民，使作为行政官的公民多于作为普通个体的公民，我们把这种形式的政府称为民主制。

其次，可以将政府限制在很小的范围内，使普通公民比行政官多，这种形式的政府叫作贵族制。

最后，可以把整个政府集中在一个行政官的手中，而其他所有人的权力都掌握在这个行政官的手中，这第三种形式是最常见的，我们称之为君主制或皇权政府。

应当指出，所有这些形式，或者至少前两种形式，都有程度的差别，甚至有很大的差别，因为民主可以包括全体人民，也可以只包括一半。反过来，贵族政府可能会被无限地限制，其范围可以从一半的人收缩到尽可能少的人。即使是皇室也容易受到分配的影响，即使是君主制也可能受到分割的影响。斯巴达一直有两个国王，这是其宪法规定的；而罗马帝国同时出现了多达八位皇帝，但这并不能说明罗马帝国已经分裂了。因此，每一种形式的政府都会在某一点上与其他形式的政府相重叠，很明显虽然只有三种不同的名称，但政府的形式就像国家的公民一样多种多样。

此外，一个政府也可能在某些方面被细分为若干部分，各部分采取各不相同的管理模式。这三种形式的组合可能产生许多混合形式，每一种混合形式都可以再与这些单一形式相结合。

关于最好的政府形式一直存在着许多争论，而没有考虑到这样一个事实：某一种政府形式在某些情况下是最好的，而在另一些情况下则是最差的。

如果说在不同的国家，最高行政长官的数量应该与公民的数量成反比，那么一般来说，民主制适合小国，贵族制适合中等规模的国家，君主制适合较大的国家。这条规则很容易从原则中推导出来，但是问题是，那些产生众多例外的情况又该如何计算呢？

第四章
论民主制

制定法律的人比任何人都清楚应该如何执行和解释法律。因此，似乎不可能有一种比行政权和立法权相统一的政体更好的政体了，但这一结合使政府在某些方面显得不够充分，因为应当加以区别的东西都是混淆不清的，如果君主和主权者是同一个人，那么其形成的不过是一个没有政府的政府罢了。

制定法律的人去执行法律，或者人民团体把注意力从大处转移到个别对象上，都是不好的。没有什么比私人利益对公共事务的影响更危险的了，立法者的腐败比政府对法律的滥用更邪恶，这种腐败正是个人利益作祟的必然结果。这种情况下，国家本质就改变了，任何改革都是无效的。永远不会滥用政府权力的人民永远不会滥用独立，总是治理良好的人民无需被治理。

如果我们从严格意义上来理解，真正的民主从来不曾存在过，也永远不会存在。多数人进行统治，少数人被统治，这本身就是违背自然规律的。我们无法想象人民不断地聚集在一起，把他们的时间用于讨论公共事务的场景。显然，如果不改变行政管理形式，人们就无法建立起各种各样的机构来实现他们的目的。

事实上，我确信地提出这样一项原则，即当政府的职能由若干个机构分担时，人数较少的机构迟早会获得最大的权力，因为只要它们能够加快处理事务，权力自然就会落到它们手中。

再者，这样的政府需要克服很多困难才能建立起来。首先，一个非常小的国家的人民可以很容易地聚集在一起，每个公民都可以轻松地了解其他一切。第二，纯朴的民风可以应对繁复的政务和棘手的问题。第三，阶级和财富要保证平等，没有这种平等，权力和权威的平等就不能长久存在。最后，很少或没有奢侈品，因为奢侈品要么是人们追求财富的结果，要么是人们追求财富的起因；它使富人和穷人同时堕落，富人因占有而堕落，穷人因贪婪而堕落；它把国家出卖给软弱和虚荣心，使国家失去所有公民，使他们成为彼此的奴隶，使所有人都成为舆论的奴隶。

这就是为什么一位著名思想家把道德作为共和国的基本原则，因为所有这些条件没有德行是不可能存在的。但因为没有进行必要的区分，这位伟大的思想家的论述是不精确的，有时也是模糊的。他没有看到，主权权威在任何地方都是一样的，同样的原则应该存在于所有体制良好的国家中，同时也确实需要根据政府的具体形式进行或多或少的调整。

还需补充的是，没有任何一个政府像民主制政府或民选政府那样容易受到内战和内部动荡的影响，因为没有任何一种形式的政府具有如此强烈和持续不断地向另一种形式转变的倾向，也没有任何一种形式的政府需要更多的警惕和勇气来维持其现状。在这样的政体之下的公民首先应该以力量和信仰来武装自己，那位德行颇高的侯爵①在波兰议会上所说的话"宁要危险的自由，也不要安逸的奴役"，应该成为他们有生之年每天都要在内心默念的警句。

如果有一族人民是众神之子民，那么他们的政府将会实现完全民主。而如此完美的政府只能是人类的空想。

① 指波兹南侯爵，波兰国王的父亲、洛林公爵。

第五章
论贵族制

我们这里涉及了两种不同的道德人格，即政府和主权者，因此也就会产生两种公意，一种是对全体公民而言的，一种是对行政人员而言的。所以，虽然政府可以随心所欲地调整其内部政策，但当它对人民发号施令时永远只能以主权者的名义，即以人民的名义。这一点必须牢记。

最初的人类社会实行的是贵族制统治。家族首领们就公共事务共同商议，年轻人则心甘情愿地屈从于经验丰富的权威者们。由此产生了神甫、长老、元老、前辈等称呼。北美的野蛮人至今仍以这种方式管理自己，而且效果很好。

但是，随着制度造成的人为不平等超过自然的不平等，对财富或权力[①]的偏爱更甚于年龄，贵族制就演变成了选举制。最后，父辈的权力与财产通过其建立的贵族家庭传给了子辈，政府也就因此变成世袭的，所以才会出现年仅二十岁的元老。

因此，我们可以划分出三种贵族制政府的类型：自然制、选举制和世袭制。第一种只适用于简单质朴的民族；第三种是所有政府中最糟糕的；第二种是最好的，也就是所谓的真正的贵族制。

选举制的贵族政府除了区分了两种权力的优势之外，它还有可以选择政

---

① 显然，在古代 optimates 这个词的意思不是最好的，而是最强大的。

府成员的优势。因为，在民选政府中，所有公民都是天生的行政官。但选举制的贵族政府，行政官员仅限于少数人，他们只有通过选举才能成为行政官。[1] 通过这种方式，正直、睿智、经验丰富和其他优良的品质使被选举人获得了公众支持与尊重的理由，并成为开明政府的进一步保证。

除此之外，会议更容易举行，事务的讨论和执行更有秩序。国家的信誉在国外由德高望重的元老来维护，而不是由没有分量或受人鄙视的平民百姓来维护。

总之，让最明智的人成为大多数人的治理者，这是最好的、最自然的安排，因为人们确信，他们治理国家是为了利益，而不是为了他们自己。没有必要盲目扩大管辖机构，也没有必要让两万人去做一百个人就能做好的事。但不可忘记的是，这时在公意的控制下，团体利益运用公共力量的程度有所削弱。同时，另一种不可避免的倾向也使法律进一步失去了部分执行力量。

从具体的行为准则来看，国家既不应如此小，人民也不应如此简单和正直，以致公意可以直接决定法律的执行，就好像一个好的民主制国家那样。国家也不应该太大，以致统治者必须分散来管理它，从而使各个分散首领能够在自己的部门中各自为政，先是追求独立，最后自立为王。

但是，尽管贵族制的道德要求比民主制少一些，但它要求的是它特有的其他一些德行，例如，富人要节制，穷人要知足。毕竟，在贵族制的国家里要求彻底的平等是不合时宜的，即使在斯巴达城也无法实现。

另外，如果这种形式的政府带来某种财富上的不平等，那一般是为了将

---

[1] 重要的是，行政官选举形式应受到法律的规范。因为如果让它听命于君主，就不可能避免落入世袭贵族之手，就会重蹈威尼斯和伯尔尼共和国的覆辙。威尼斯这个国家早已解体，伯尔尼之所以留存是缘于其极端智慧的元老院，这是一个光荣而又极其危险的例外。

管理公共事务委托给那些能为此付出全部时间的人，而不是像亚里士多德认为的那样，为了让富人始终占得财富先机。反之，如果做出相反的选择，有时也会让人们明白，人类的品格比财富更重要。

第六章
论君主制

迄今为止，我们认为统治者是一个由法律的力量统一起来的道德上的集体人格，被授予了国家和集体的行政权力。我们现在需要考虑，当这种权力集中到一个自然人手中，一个真正的人手中时，只有他有权根据法律处置这种权力。那么对这样的人我们称其为君主或国王。

与集体代表个人的其他行政形式相反，在君主制这种形式中，个人代表集体。因此，构成君主的道德统一体同时也是物质统一体，也就是一个具体的人，具备人的所有属性。这一点在其他形式中很难由法律统一起来，但在君主制中这一点是自然统一的。

因此，人民的意志、君主的意志、国家的公共力量和政府的特有力量，都取决于一种单一驱动力。就像机器的所有发条都由同一个手掌控，整体向同一个目标行动；没有相互冲突的运动可以互相抵消，也无法想象有哪种构造形式能够用更少的努力就能产生更大的行动效果。就像阿基米德静静地坐在岸边，轻而易举地拖动了在水面上的一艘大船。在我看来，他是一位技艺高超的君主，运筹帷幄，管理着广阔的国家，不动声色就使得国家的一切运转有序。

但是，如果说没有哪种政府比这更有活力，那么也没有哪种政府的私意比君主制更具影响力，更容易支配其他事物。事实上这种君主制，一切都朝着同一个目标发展，而这个目标绝不是为了公民福祉，就连行政力量也不断显示出对国家的敌意。

国王渴望成为绝对的主宰，但人们总是从远处向他们呼喊，成为绝对主宰的最好方式就是得到人民的拥戴。这是一条非常好的法则，甚至在某些方面也非常正确。不幸的是，这只是在法庭上的一个笑柄。得到建立在民众拥戴基础上的权力无疑是最强大的，但是这种力量是不稳定和有条件的，统治者们永远不会满足于此。即使是最好的国王也会希望自己有时候能犯错或者为所欲为，并且不会因此而丧失他们的统治资格。政治理论家可能会告诉他们，人民的力量是国王自己的力量，国王的首要利益是使人民繁荣、人丁兴旺和强大，但是国王很清楚这是不现实的。国王们的最大个人利益来自于人民的软弱可怜，永远不会抵抗他们。我承认，只要臣民始终服从，人民力量的强大确实是国王的利益所在，从而使邻国畏惧他拥有的力量。但是，这种利益仅仅是次要的和从属的，力量与服从是不相容的，国王们自然总是倾向于更有利于他们眼前利益的原则。这是塞缪尔在希伯来人面前所强调的，也是马基雅维利所清楚表明的。他假意指导国王，他实际指导的是人民。他的《君主论》是共和党人的参考书目。①

我们发现，总的来说，君主制只适用于大的国家，这一点在我们研究一般比例时得到了证实。公共行政部门越多，君主和臣民之间的比例关系就越小，也越接近平等，所以在民主制中，这一比例是统一的，或者说绝对平等。同样，由于政府的人数有限，当政府掌握在一个人手中时，这一比

---

① 马基雅维利是一位正直的人和好公民，但因其从属于美第奇家族，他被迫在自己国家的压迫下掩饰对于自由的热爱。他在书中选择了一个令人憎恨的主人公，这足以清楚地表明他的秘密意图。他在《君主论》中的原则和《李维论》《佛罗伦萨史》中的原则相互矛盾，这就表明这个思想深刻的政治理论家迄今为止都只拥有一些肤浅堕落的读者。罗马宫廷严禁了他的作品，我对此非常理解，因为他的作品清晰地描绘了这个宫廷。

例会增加并达到最大值。这样，统治者和人民之间的距离就会非常大，国家就会缺乏团结的纽带。要形成这样的纽带，必须有中间的阶层，由亲王、总督和贵族等组成。但是这并不适合一个小国，所有这些等级差异对于小国而言都意味着毁灭。

但是，如果说治理好一个大国很困难，由一个人来治理好一个大国就更困难了。每个人都明白当国王一旦通过代理人来进行治理会发生什么事情。

君主制政府有一个本质的且不可避免的缺陷，这使它不具有共和制政府的优势：在共和制中，人民总是把有才能的人推举到最高职位，这些人为此充满荣誉，因而会很好地履行他们的职责；而在君主制下，升到高位的却往往是无赖、骗子和阴谋家，这些人凭着小聪明爬到高位，而一旦他们爬到高位后就会暴露出自己的无能。显然，人民在选择代表人方面比君主犯的错误要少得多。君主制中真正有价值的人几乎和共和制政府中的傻瓜一样罕见。因此，当有这样一种幸运的机会，一个天生有统治才能的君主开始执掌一个被投机钻营者们败坏了的国家时，每个人都会震惊于他的治理才华，而他的到来标志着其所在国家历史上的一个大时代的到来。

君主制国家若想治理得好，其人口和范围就必须随治理者的才能而定。显然，征服比统治容易。假设有足够长的杠杆，一根指头就可以反转世界，但要想支撑这个世界，非要有赫拉克勒斯的肩膀才可以。国家稍微大一点，君主治理起来就会困难重重。相反，如果国家的领土范围比起君主的能力而言太小时——当然这种情况比较罕见——国家也是很难治理好的，因为君主为了自己的宏伟大计而忘记人民的利益，他会滥用自己所拥有的才能进行扩张，给臣民带来的苦难也并不比在无能君主统治下的苦难小。可以说，一个国家的扩张或收缩都是应当按照君主的能力来决定，但是在民主制国家中，元老院的治理能力更容易保持在一个固定的水平，国家会拥有固定不变的疆域，治理起来也就得心应手了。

　　君主制政府最大的缺点是缺乏持续的继承力，而继承的连续性在其他两种政府形式下都可以得到满足。当一位君主去世后，便需要选出另一位新主，选举期间便会成为一个暴风骤雨般的动荡期。这时，除非政府中的公民比一般情况下更无私与忠诚（当然这是根本不可能做到的），否则腐败与阴谋将比比皆是，靠收买而上台的人在掌权后，很难保证他不会再次把国家出卖，以从弱者身上捞回以前被强者搜刮走的钱财。在这样的政府中，贪赃枉法大行其道，在国王统治下享受的和平比间隔期的混乱还要糟糕。

　　为了防止这样的罪恶，人们采取了什么手段呢？在某些王朝中，王冠是世袭的，继承的顺序也已经建立起来，以防止国王驾崩后引起争议。也就是说，用摄政的缺陷取代了选举的缺陷，这表明表面上的平静比贤明的治理更受青睐，人们宁愿冒险让未成年的孩子、怪物、低能儿来统治，也不愿在选择好君主的问题上发生争执。人们没有意识到，当他们冒着危险做出这种两难的选择时，他们已使一切机会都对他们不利了。小狄俄尼索斯曾为了一桩可耻的事遭到父亲的指责："我为你做出过这种榜样吗？""不，"他的儿子回答，"但你父亲不是国王啊。"

　　当一个人从小就被培养如何去命令别人，那所有一切会使他最容易丧失公正和理性。据说，人们常会煞费苦心教会一个年轻的王子以统治艺术，但结果显示这种教育对他来说没有任何益处，反而教给他如何服从更有效些。历史上那些名垂千古的君主并不是从小接受统治教育的人，因为统治是这样一种学问，学得越多掌握得越少，服从要比命令更能使人掌握它。"辨别好与坏的最有效和最迅捷的方法是把自己放在别人而不是国王的角度上来思考自己想要什么或不想要什么。"[1]

---

　　[1] 塔西佗，《塔西佗历史》，第16页。"最好的也是最快能找出什么是好的，什么是坏的的方法是考虑如果有一个人不是你的皇帝，你会希望发生什么或不发生什么。"

　　政府缺乏连续性的一个后果就是王室政权的反复无常。在执行计划时摇摆不定，一会儿是这个计划，一会儿又变了，这完全取决于当时进行统治的国王或者代理人的特点。因此，政府无法在较长时间内形成一个固定目标或连贯的政策，这种不确定性让国家朝令夕改，摇移不定。而这种情况在其他政府形式下是不会发生的，因为那些政府的统治者是同一的。由此可见，一般情况下，皇室宫廷会充满阴谋，而共和体的元老院则弥漫着智慧；共和制国家沿着稳定而有效的指导方向向着固定的目标前进，而君主制政府每一次变更都带来国家的巨大变化，因为所有的大臣和大部分的国王都会翻转他们前任所制定的政策，这几乎成为一条普遍的准则。

　　这种不一致性进一步澄清了保皇派政治家们非常熟悉的诡辩技巧，不仅公民政府被比作为家庭管理，国王被比作为一家之主——这个谬论已经被驳斥——而且君主也被认为应当拥有他本应拥有的所有美德，并且应该永远成为他本该成为的人。这一假设一旦提出，君主政府显然比其他所有政府都更可取，因为它无疑是最强大的，而且也是最好的，只要它的团体意志更加符合公意。

　　但是，正如柏拉图所言，[①] 一个有天赋的国王是十分罕见的。那自然和命运要多久才能合谋给他一项王冠呢？如果皇室的教育只会腐蚀接受这种教育的人，那么对于那些世袭的君主我们还能期待什么呢？因此，把君主政府和明君政府混为一谈简直就是肆无忌惮地自欺欺人。要看清君主制政府的本质，就必须观察它在最无能最邪恶的君主治下的状况，因为如果君王不是在登基之前就无能与邪恶，那就一定是在登上王位之后才变得无能与邪恶的。

　　上述这些困难并没有逃过我们的作家的眼睛，尽管如此，他们并没有被

---

　　① 见《政治》。

这些困难所困扰。他们说，补救的办法是毫无怨言地服从。上帝在盛怒之中派遣了庸君，人民应该把那当作神的惩罚而忍受。的确，这种观点相当有启发性，但这应该更多地出现在讲坛上而不是政治理论书里。如果一个医生承诺会创造奇迹，而他的全部医术只是鼓励病人要有耐心，对这样的医生我们还能说什么呢？每个人都知道，当我们已经有一个坏政府时我们只能去忍受它，但我认为更好的解决办法是去寻找一个好的政府。

第七章
论混合政府

　　严格地讲，单一形式的政府是不存在的。一个唯一的统治者必须有下级行政官，一个民主政府也必须有一个首领。因此，在行政权力的分配中，总有一个从大到小的等级，不同的是，有时是大多数依存于少数，有时则是少数依存于大多数。

　　有时当组成部分相互依赖时，这种分配便是平等的，如英国的政府。或者是每个部分的权威虽然独立但并不完善，如波兰政府。最后一种形式是不好的，因为政府内部无法统一，国家也就没有了联合的纽带。

　　单一政府和混合政府哪一种更好呢？政治家总是在辩论这个问题，这一问题我在前面已经给过答案了，就是我在论及各种政府形式时所得出的结论。

　　单一政府从其自身来说是最好的，原因就在于其简单的形式。但当行政权对立法权的依赖不足时，即君主对主权者的比例大于人民对君主的比例时，就必须通过政府的分割来补救这种比例的失衡。分割之后的政府，其各部分对臣民的权威不会削减，而其相对于主权者的力量则减小了。

　　任命一些中间环节的行政官也可以避免同样的不利情况，他们可以保持政府的完整性，只起到平衡两种权力和维持双方各自权力的作用。此时的政府并非是混合政府，而应该称作有节制的政府。

　　相反的，缺点也可以类似地加以解决，当政府过于松散时，可以设立专门机构来集中处理政务。在所有的民主整体中都是如此。在第一种情况下，切割政府是为了削弱它的力量；在第二种情况下，集中政府是为了强化它的力量。因为单一形式的政府可能具有最大的力量，也可能具有非常弱小的力量，而混合形式的政府则能够产生一种适中的力量。

第八章
论没有哪一种政府形式适用于所有国家

自由不是各种气候都能产生的产物，也不是所有民族都能达到的。孟德斯鸠提出的这一原则，越是对其进行深入的思考，我们就越能感觉到它的真理；对它的反驳越多，就有越多的机会用新的证据来证实它。

世界上任何政府中，公务人员都只消费而不事生产。那么他们从哪里得到其所需消费的呢？它来自国家成员们的劳动。公众的生活必需品是由个人多余的物品提供的。因此，只有当人民的劳动给他们带来的回报大于他们的需要时，政治社会才能存在。

这种过剩在每个国家的情况都是不一样的。在一些国家，剩余多些，有些国家剩余少些，另一些国家没有剩余，甚至有一些国家的剩余是负数。这种情况取决于当地气候的好坏、土地所需要的劳动种类、产品的性质、居民的劳动力、居民的消费能力，以及构成整个关系的其他几个因素。

另一方面，并非所有政府都具有相同的性质。彼此之间消耗不同，这种差异是基于第二个原则，即税收越是远离其来源，负担就变得越沉重。

在这里，衡量税收负担的依据不应是征税的数量，而是税收从征税的源头再回到纳税人手里所经过的距离。当这个过程迅速且高效时，赋税的多少是无关紧要的，从经济上说，人民总是富足且国家财政也保持良好。相反，如果人民持续纳税而得不到任何回报，无论税收有多轻，其源头很快就会因不断被榨取而耗尽，这样，国家永远不会富裕，人民也将永远贫困。

由此可见，人民与政府之间的距离越大，税收就变得越沉重。因此，在民主制国家，人民承担的税收最少；在贵族制国家中，人民承担的税收就更重；在君主政体中，税收则最重。因此君主制只适合富裕的国家，贵族制适合财富和国土都中等的国家，民主制则适合小国和穷国。

事实上，我们思考得越多，我们就越觉得自由国家和君主国家之间的区别是这样的：前者，一切都是为了公共利益；后者，公共力量和个人力量相互影响，或者随着对方的变弱而增强；最终，专制制度下的政府不但不会为了臣民的福祉而统治，反而要将臣民置于悲惨的境地以方便治理。

我们发现在每种气候下都可以根据自然因素来决定当地所需的政府形式，甚至可以说何种气候应该拥有何种居民。

那些贫瘠的土地并不值得开垦，所以就任其继续保持荒芜状态，或者只让原始人居住；那些劳动只够生存所需的土地应该由野蛮人居住，在这样的地方，想要施行任何政体都是不可能的。那些劳动产出略多于生活所需的土地适合自由人民居住；那些土地肥沃，仅靠少量劳动就能有大量产出的地方则适合君主制政府，以便臣民过剩的多余资本可以提供君主奢侈的生活所产生的消耗，因为这种过剩由政府吸收比分散在个人中更好。当然也有例外，但是这些例外本身证实了这一规则，因为它们迟早会产生革命，使事物恢复到自然秩序。

一般规律应始终与可能改变其效果的特殊规律区分开来。如果所有的南方实行的是共和制，所有的北方都是君主专制，那么就气候而言，专制统治适用于气候炎热的国家，野蛮统制则适用于气候寒冷的国家，而良好的政体适用于气候温和的地区，这似乎也是事实。我知道这一观点虽然原则上人们是认可的，但在实施上存在争议。他们可能会说，有些寒冷的国家的土地非常肥沃，而有些热带国家的土地则非常贫瘠。但是只有那些没有全面考虑这个问题的人才会存在如此疑问。正如我已经说过的，我们必须将劳动、力量、消费等各种因素考虑在内。

例如，存在两块范围同等大小的土地，其中一块土地的产出是五，另一块土地的产出为十。如果第一块土地上居民的消耗为四，第二块土地上居民的消耗为九，那前者的剩余为五分之一，而后者的剩余为十分之一。这两者剩余和产出的比率成反比，产量为五的土地所剩余的是产量为十的土地剩余的两倍。

但事实上并不存在双重产出的问题，一般来说，我认为没有人会把寒冷国家的产出率与炎热国家的产出率相提并论。然而，我们假设这种等同存在，比如，我们把英国看作西西里岛，把波兰看作埃及——再往南，我们将非洲看作印度，再往北，就什么都没有了。为了获得这种产出的等同，这些国家在耕作方式上会有什么不同呢：在西西里，人们只需要刨地；然而在英国，人们必须非常辛苦地劳作！但是，如果一个国家必须靠增加大量的劳动力来生产与其他国家同样的物产，那这个国家的劳动剩余量必定少于他国。

此外，同样数量的人在炎热国家的消耗其实更少。在这样的气候下，吃得少才有利于健康。欧洲人在热带国家如果还像在欧洲一样饮食就会死于痢疾和消化不良。"与亚洲人相比，我们是像饿狼般的食肉动物，"夏尔丹说，"有些人把波斯人的节制归因于他们国家的土地不适用于耕作，但是我认为他们的国家之所以产出较少，是因为居民的需求较少。如果他们的节俭是土地贫瘠的结果，那么就应该是只有穷人会吃得很少，但是在他们国家每个人都吃得少。而且，这里的人并没有根据省份的不同或根据土地的肥沃程度而相应地吃多吃少，这个国家任何一个地方的人都同样节俭。他们对自己的生活方式非常自豪，你只需看看他们的肤色，就能知道他们的生活方式比基督徒优越多少。事实上，波斯人的色调是均匀的，他们的皮肤白皙、细腻、光滑；而他们的臣民亚美尼亚人，由于继续沿袭欧洲人的生活方式，皮肤则粗糙，布满斑点，全身臃肿和笨重。"

离赤道越近，人们吃的就越少。他们几乎不吃肉，而以大米、玉米、面粉、小米和木薯为主食。在印度，有数百万人每天的生活费不到半便士。即使在欧洲，我们也发现北方人和南方人的胃口大不相同。西班牙人一周的食物到了德国人这里可能就是一顿的量。因此，在人们胃口较大的国家，人们的奢侈品就体现在吃的方面。在英国，奢华就体现在满是食物的桌子上；而在意大利，待客的方式则是糖和花。

服装上的奢华表现出了相似的差异。在季节变化迅速而剧烈的地区，人们衣着简单；在人们只为装饰而穿衣服的地方，人们认为引人注目比实用更重要，服装本身就是奢侈品。在那不勒斯，你可以看到每天都有人沿着博西利普山散步，他们穿着金色刺绣的衣服但里边却一丝不挂。建筑也是如此，如果不考虑房子本身所具备的遮蔽功能，建筑华丽便是他们唯一的考虑。在巴黎和伦敦，人们希望住得温暖舒适；在马德里，人们拥有一流的厅堂但窗户却是开着的，睡觉的地方就像一个老鼠洞。

在热带国家，食物更加丰富且美味。意大利人为什么吃这么多蔬菜？因为在意大利，蔬菜品质好，有营养有味道。在法国，蔬菜靠水浇灌长成，没有什么营养，所以在餐桌上并不被重视。它们占据了同样多的土地，并且花费了至少同样多的心血去耕种。事实证明，西西里的小麦虽然质量不如法国小麦，但磨出来的面粉要多得多，而法国小麦磨出的面粉比北方小麦又多得多。由此我们可以推出，从赤道到北极存在着一个类似的渐变过程。这样，从同样数量的产品中却获得了较少的出产，这难道不是一个很明显的不利条件吗？

除了上述提及的差别，还有一点，这是从前面各因素中推出的，又可以强化它们。这个因素是热带国家比寒冷国家所需的居民要少，但热带国家能供养的人口却多，因此就出现了双重盈余，这一切都有利于专制统治。固定数量的居民占领的领土越大，叛乱就越困难，因为不可能采取快速或秘密的一致行动，政府可以轻易地揭露他们的密谋并及时切断通信。相反，人口越是密集集中，政府就越不容易篡夺君主的位置，因为领袖们可以像君主身处在议会那样在家里安全地讨论，民众也可以像君主集结军队一样迅速地在广场集合。因此，专制政府统治的优势在于距离越远则越利于他的统治。在政府所建的支点的帮助下，政府的力量就会像杠杆一样随着距离的增长而增强。① 另一方面，人民的力量只有在集中时才会发挥作用；当它扩散时，力量就会蒸发消失，就像撒在地上的可燃粉末一样只能星星点点地燃烧。因此，人口最少的国家最适合暴政，凶猛的野兽只有在荒野里才能称王。

---

① 这与我之前所说的大国的不利之处并不矛盾(第二卷，第九章)。因为我们当时是在讨论政府对成员的权力，而在这里我们论述的是政府对臣民的权力。政府分散的成员就好比许多杠杆的支点，通过它们作用于距离远的百姓，但对于这些成员本身则束手无策。因此，杠杆的长度在后一种情况下是弱点，而在前一种情况下则是优点。

第九章
论好政府的特征

"什么是绝对意义上最好的政府？"这个问题既无法回答，也不能确定。或者说，人民的绝对地位和相对地位有多少种可能结合的形式，这个问题就有多少合理的答案。

"我们如何得知某一国的人民得到了良好的或糟糕的统治，有哪些特征可以作为证据？"这个问题就是另一回事了，因为这可以用事实来回答的。

然而，它没有得到根本的回答，因为每个人都想用自己的方式来回答它。臣民歌颂公共安宁，公民追求个人自由。这个人看重财产安全，另一个人看重人身安全；这个人认为最严厉的政府是最好的政府，另一个人认为最温和的政府是最好的政府；这个人想要惩罚犯罪，另一个人想要预防犯罪；这个人希望国家被邻国所畏惧，另一个人则希望国家不被邻国所注意；一个人满足于货币流通，另一个人则要求人民有面包吃。即使在这些问题和类似问题上都达成了协议，我们对问题答案的探索就会再进一步吗？由于在道德的考量上缺乏精确的标准，即使某一特征得到了多方的认可，但又如何在价值判断上达成统一呢？

就我而言，我常常感到惊讶的是，一个如此简单的特征居然没有被人认出来，或者说人们一直怀疑而不愿承认它。政治联合体的目的是什么？其成员的生存和繁荣。而判断它们生存和繁荣最可靠的特征是什么呢？他们的数量和人口。所以，无需到处去寻找这个有争议的特征了。在其他条件相同的情况下，如果没有外来移民、没有同化外族人或殖民地，那公民数量增长和繁殖最多的政府毫无疑问便是最好的。同理，一个人民数量减少、日益衰败的政府，便是最糟糕的政府。那么现在，请精于计算的人们来计算、来测量、来比较吧。①

---

① 我们应当根据同样的原则来判断哪些时代在人类繁荣方面应当得到赞扬。那些文学和艺术繁荣发展的时代受到了太多的赞赏，但并未发掘其文化之中隐藏的目的，也从未考量过他们的不幸后果。"Idque apud imperitos humanitas vocabatur, cum pars servitutis esset"（"被愚蠢的人称之为'人道'的，恰恰是奴役的开始"——塔西佗，《阿古利拉传》）。难道我们永远不会在格言书中看到作家们的粗鄙语言吗？不，不管他们怎么说，当一个国家虽然享有盛誉但人口却在减少，就不能说明一切都很好。一个诗人拥有十万法郎的收入也并不能说明他就处在了最好的时代。我们应当更多地关注整个国家的福祉，尤其是人口众多的国家，而不是将注意力放在国家表面的安逸与统治者的安宁上。一场冰雹会使好几个州荒芜，但很少造成饥荒；爆发的战争和内战给统治者们带来了沉重的打击，但这并不是人民的真正的不幸；当人们还可以争论谁在实施暴政的时候，他们甚至可能得到喘息的机会。他们所遭遇的是真正的繁荣还是真正的灾祸，都应当从他们的常态中去判断。当全体人民都在压迫下粉身碎骨之时，大家便都会走向灭亡。只有在这样的时刻，首领才能肆意欺凌人民，"ubi solitudinem faciunt, pacem appellant"（"他们将国土变为废墟时，他们宣称和平已经到来"——塔西佗，《阿古利拉传》）。当大人物的争斗扰乱法兰西王国时，当巴黎副主教揣着匕首走向议会时，法国人民依然在尊严、安逸和自由方面获得了繁荣昌盛。很久以前，希腊在最野蛮的战争中繁荣昌盛，尽管鲜血奔流，但整个国家却人满兴旺。马基雅维利说，在谋杀、放逐和内战中，我们的共和国似乎变得更加强大。公民们的德行、民风和独立性对共和国的巩固作用比它的所有纷争对共和国的削弱作用还要大。小小的震荡能赋予灵魂以活力，使这个民族真正繁荣的与其说是和平，还不如说是自由。

第十章
论政府的滥用权力和衰退的倾向

由于私意总是与公意背道而驰，政府始终会对主权者施加压力。这种对抗的力量越大，政府机构就越腐败。而且，由于在这种情况下没有一个独立的团体意志来制衡它，因此君主迟早要压制主权者并破坏社会契约。这是不可避免的内在缺陷，从政治体诞生之日起这种缺陷就会不断地摧毁它，就像年龄的增长和死亡摧毁人体一样。

政府退化一般有两种方式，即政府收缩或国家解体。

当政府的成员从多数向少数转变时，即从民主制向贵族制转变，从贵族制向君主制转变，政府就会经历收缩。这是它的自

然倾向。① 如果它走的是从少数到多数的逆向路线，那政府的结构就是在松弛。但这种逆向的发展是不可能的。

事实上，政府从来不会改变它的形式，除非它自身的能量已经耗尽，衰败到无法维持现有的状态。如果一个政府在扩大疆域时变得涣散，那它的力量终将会消耗殆尽，并且自身也将难以为继。因此，当一个政府开始变得松弛时，它必须上紧发条使自身机构紧凑起来，否则它支撑的国家就会陷入困境。

---

① 威尼斯共和国在一片礁湖中缓慢形成和发展就为这一过程提供了显著的例证；令人吃惊的是，一千二百年之后，威尼斯人似乎依然处在 1198 年由西拉尔·康塞里奥开始的第二阶段。至于那些与人们为敌的古老公爵们，不论《威尼斯自由论》这本书怎么说，都可以证明公爵们根本不是他们的主权者。

肯定有人会提出罗马共和国的例子来反驳我，说他们走的是完全相反的路，从君主制过渡到贵族制，又从贵族制过渡到民主制。但我绝不同意这种看法。

罗穆卢斯建立的第一个政府是混合政府，但很快堕落为专制政府。由于一些特殊原因，国家英年早逝，就像新生儿没有成年就夭折了。塔尔干人被驱逐才是罗马共和国诞生的真正时期。但起初，它没有采取固定的形式，因为罗马人没有废除贵族使得这一事业半途而废了。世袭贵族制是所有合法的行政机构中最糟糕的，仍然与民主制相冲突。正如马基雅维利所证明的，直到建立了保民官，罗马政府的形式才最终确定，只有那时才有一个真正的政府和真正的民主制。事实上，当时的人民不仅是君主，也是地方行政官和法官，元老院只是一个附属机构，用来调和和制约权力集中的政府。虽然执政官本身是贵族、首席执政官和战争中的绝对领导，但在罗马他只不过是人民的管家罢了。

正是从这时起，罗马政府开始依照它的自然走向，强烈地趋向了贵族制。当贵族们废除了自己的级别，贵族制也不再像日内瓦和威尼斯那样，而是存在于贵族和平民们共同组成的元老院。当保民官们开始篡夺实权时，贵族制甚至存在于保民官团体中。称呼并不能改变事实，当人民有了代表自己进行治理的首领时，不论他们有着怎样的名称，政府都是贵族制。

贵族制权力的滥用导致了内战和三巨头，苏拉、尤利乌斯·恺撒和奥古斯都都成为事实上的君主。最后，国家在提贝留乌斯的专制下终于解体。由此可得出，罗马历史并没有否定我的原则，而是恰恰证明了它。

　　国家的解体有两种方式。首先，当君主不再依法管理国家而滥用主权权威时。这会导致一个显著的变化：不是政府而是国家经历收缩。我的意思是，这个伟大的国家解体了，在它内部形成了另一个国家，这个新的国家由原来的政府成员组成，而对其他人来说，这个新的国家只不过是主人和暴君。因此，当政府篡夺主权的时候，社会契约就被打破了，所有公民都通过自身所享有的权利恢复了他们的天然自由，但他们的服从是被迫服从，而不是出于合约的约束。

　　相同的情况还发生在当政府成员单独篡夺只应集体行使的权力时。这是对法律的极大违背并且会引起更大的混乱。那么在此时，可以说，会出现有多少行政官就有多少个君主的现象，而国家和政府一样处于分裂状态，要么灭亡，要么改变其形式。

　　当国家解体时，无论是政府如何滥用权力，其都可被统称为无政府状态。为了更好的区别，也就是民主制退化为专制，贵族制退化为寡头制，我还要补充的是君主制退化为暴政；但是最后这个词含糊不清，需要进一步去解释。

　　通俗地说，暴君是一个不顾正义和法律，实施暴力统治的国王。确切地说，暴君是一个本无权却僭取皇权的人。希腊人就是这样理解"暴君"这个词的：他们不加区别地把这个称谓用于非法登基的国王，而不论其是好君主

还是坏君主。^①因此，暴君和篡权者是同义词。

为了给不同的事物赋予不同的名称，我称篡夺皇权的人为暴君，篡夺主权的人为专制君主。暴君虽靠违背法律而取得政权，但还是依法治理国家；专制君主是把自己凌驾于法律之上的人。因此暴君不一定是专制君主，但是专制君主一定是暴君。

---

① "在一个习惯了自由的城邦中，那些保有永久权力的人都会被认为和称为暴君"（科尔纳留斯·尼波斯的《米提阿底斯传》）。亚里士多德在他的《尼各马可伦理学》第八卷第十章中曾区分过暴君和国王，认为两者不同的关键是前者是为了自己的利益统治，而后者是为了其臣民的利益。但是所有的希腊作家通常都基于另一层意思来使用暴君这个词，这在色诺芬的《希罗》中表现得尤为明显。而且如果按照亚里士多德的区分，从世界开始到现在就还没出现过真正的国王。

第十一章
论政治体的消亡

即便是体制最完善的政府，也会不可避免地走向消亡。连斯巴达和罗马都消亡了，还能指望哪个国家会永远存在下去呢？如果我们想要建立一个长期存在的政府形式，那我们最好不要奢望它会流传万世。如果我们要取得成功，就不要尝试去做那些根本不可能的事情，也不能自欺欺人地说我们所创造的作品拥有超越人类自身条件的稳定性。

政治体和人体一样，从一出生就开始濒近死亡，其本身就蕴藏有消亡的种子。但这两者可能都拥有或强或弱的某些机制，以使它们在或长或短的时间内维持正常运转。人的身体是自然的杰作，而国家的体制则是人为的作品。人不能延长自己的生命，但是他们可以通过建设最好的体制来尽可能地延长国家的寿命。即便是最好的国家也会走向消亡，只有没有让其过早毁灭的意外发生，它就将比其他国家存续更长时间。

政治体的根本原则在于主权权威。立法权是国家的心脏，行政权好比统领各部分运转的大脑。大脑即便瘫痪，个体仍然可以痴呆麻痹地活着。但是心脏一旦停止跳动，人便不复存在了。

国家的存在依靠的不是法律而是立法权。昨天的法律今天不具有约束力，但沉默可以认为是一种默许，如果主权者没有废除原本应该废止的法律，那便是默认这项法律继续有效。凡是主权者曾经宣布的意志，只要他没有撤销，那这个意志便永远有效。

那为什么人们对以前的法律如此尊敬呢？原因便在于此。以前的法律之所以能够保存如此之久，是因为我们认为当时的意志尽善尽美：如果主权者始终没有看到它们的价值，它们早就被废除一千次了。这就是为什么法律非但没有被削弱，反而在体制良好的国家不断获得新力量的原因。古代的先例使这些法律越来受人尊敬，而当法律随着时间的流逝而逐渐削弱时，那就证明这个国家不再有立法权，国家也便失去了生命。

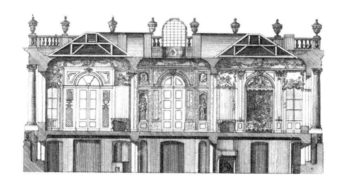

第十二章
论如何维持主权权威（一）

主权者除了立法权以外，没有其他权力，只能通过法律来行动。而法律只能是公意的真实表达，所以只有当人民聚集在一起的时候主权者才能采取行动。将人民聚集起来？有人说这只能是一种空想，但这在两千年前却并不是空想。难道是人性发生了改变？

人类精神方面的范畴可能并不像我们想象的那么狭窄，限制它们的是我们的弱点、恶习与偏见。卑贱的灵魂不会相信什么伟人，低贱的奴隶也只会嘲笑自由。

让我们根据已经做过的事情来判断还能做些什么。我不谈古希腊的共和国，但在我眼中罗马共和国是一个伟大的国家，而罗马城是一座伟大的城市。最后的人口普查显示，罗马城有 40 万得到武装的公民，而最后一次对帝国人口的计算显示，不包括臣民、外国人、妇女、儿童和奴隶，罗马共和

国有 400 多万公民。

不难想象，要把首都及其邻近地区的广大人民频繁地聚集在一起，这是何等困难的一件事。然而，罗马却经常举行集会，甚至一周多次集会。他们不但要行使主权者的权力，而且还要行使政府的一部分权力。他们处理特定的事务，审理特定的案件，在集会的场所罗马人民几乎既是公民又扮演行政官的角色。

如果我们回顾最早的民族历史，我们会发现大多数古代政府，甚至是像马其顿和法兰克这样的君主制政府，都有类似的议会。无论如何，这个无可争辩的事实回应了所有困难，即从现实情况推理出可能的情况，这一逻辑在我看来是合理的。

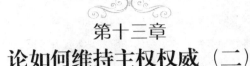

第十三章
论如何维持主权权威（二）

　　仅仅将人民召集起来，批准一套法律体系并由此确立国家的体制是不够的，仅仅建立一个永久性的政府或一劳永逸地规定行政官的选举条件也是不够的。除不可预见的特殊情况所要求的特别集会外，还必须有固定日期的、不能被废除或中止的集会。到了规定的日子人们可以合法集会而无需任何其他召集形式。

　　因此，除了上述只能按期举行的合法集会之外，未经专门负责此事的行政官召集且未根据法定程序所召集的集会都应被视为非法，其所通过的一切决议也应当被视为无效。因为只有法律本身才能发出集会的诏令。

　　合法集会发生的频率取决于许多因素，因此无法对此给出准确的说明，只能笼统地说，政府越强势就应该召集越多的集会，以便主权者发挥自身作用。

　　也许有人会告诉我，你说的这些对单——个城邦来说或许是可行的，但当一个国家包含数个城邦时该怎么办呢？是将主权权威分割下放，还是把它

集中在一个城邦里，而其余的都服从于这个城邦呢？

我的回答是，二者皆不可行。首先，主权权威是统一的、单一的，一旦分割势必被摧毁。其次，正如一个国家不能合法地臣服于另一个国家一样，一个城市也不能合法地臣服于另一个城市，因为政治体的本质就在于臣服与自由的统一。因此，臣民与主权者这两个词也是一致的，它们的一致性在"公民"这个词中可以得到体现。

我进一步来回答这个问题，将若干城邦统一在一个国家之下是一种糟糕的做法。即便是我们希望建立这样一个国家联盟，我们也不应该奢望能够完全避免它的先天不足。不能因为大国的盛行就反对那些主张小国的人，但是小国如何能拥有抵抗大国的足够力量呢？就像从前的希腊城邦抵抗伟大君主，就像最近的荷兰和瑞士抵抗奥地利王朝一样。

然而，如果无法将国家疆域限制在合理的范围内，那么还有一种解决办法，即不设立首都，在每一个城邦轮流办公，每一个城邦轮流举行集会。

让人民平等地享有领土，让人民的权利在任何地方都受到同等对待，让人民在国家的每一个角落都能够享有富足的生活。只有这样，国家才能变得强大，治理才能日渐完善。大家也不要忘记，城镇是以将乡村化变为瓦砾为代价建立起来的，我在都城看见的一座座宫殿，心中所呈现的却是整个国家的荒凉。

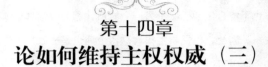

第十四章
论如何维持主权权威（三）

一旦人民以主权者的身份合法聚集，政府的所有权力就会完全丧失，行政权就会中止，那时最卑微的公民也会像最高行政官一样变得神圣而不可侵犯。因为被代表的人已经站到前台，所谓的代表自然就不存在了。罗马公民大会里的大部分骚乱都是对这一规则的无知或忽视造成的。此时罗马的执政官只是人民的主持人，保民官不过是发言人；[①] 而元老院则什么都不是。

当君主的权力出现中断时，他便会意识到或者应该意识到，有一个真实地凌驾于他之上的人物出现是一件非常可怕的事情。而这些对政治体有保护作用、对政府有限制作用的人民集会，一直是统治者们的噩梦。因此，统治者们总是不遗余力地提出反对意见、制造困难和空许承诺，以此来阻止公民的集会。当公民崇尚贪婪、懦弱、优柔寡断、耽于安逸甚于对自由的渴望时，他们便不能长久地抵制政府的图谋。所以，随着政府反抗力量的不断增长，至高无上的主权权威终将消失，大多数城市也会随之过早地消亡。

---

① 与英国议会中使用这个词的意思几乎相同。即使中止所有权限，这种职能上的相似性也会使执政官和保民官发生冲突。

第十五章
论议员或代表

　　一旦公共服务不再是公民的主要事务，他们宁愿用自己的钱而不是自己的人来服务，国家就离垮台不远了。当国家需要出兵作战时，公民会出钱雇佣军队而自己待在家里；当有必要在议会开会时，公民会任命副手出席而自己不出席。由于懒惰和沉溺于对金钱的渴望，他们最终让士兵奴役他们的国家，让代表出卖国家。

　　正是由于人们忙于商业和手工业，忙于对利润的贪婪，也由于人们的软弱和享乐主义，使得个人服务被金钱代替。公民放弃了他们的一部分利益以便随心所欲地追逐其他利益。很快人们就成了金钱的阶下囚。"代役费"一词就是奴役的字眼，在共和国中，人们是不知这个词为何物的。在一个真正自由的国度，公民是用自己的双手而非金钱来完成任何事情的。他们绝不会为了逃避责任而请人代劳，反而会为了让自己履行义务而花钱。在这里，我的想法和世俗的观点截然不同，我认为税收比强迫劳动更不利于人们的自由。

　　一个国家的体制越好，公共事务在公民心中就越重于私人事务。私人事务甚至不那么重要，因为共同幸福的总和占每个人幸福的更大比例，所以他没有什么特别的需要去寻求关心。在一个秩序井然的国家里，每个人都会飞向公共集会。而在一个糟糕的政府下，没有人愿意为接近集会而动一动，因为没有人对那里发生的事情感兴趣，因为人们可以预见到主导集会的不是公意。最后，人们都会把精力放在家庭事务上。好的法律会促使更好的法律产生，而坏的法律将会带来更坏的法律。一旦有人在谈论国事时说"这与我又有什么关系呢"时，我们就可以预料这个国家离消亡不远了。

爱国主义不再被推崇、私人利益被过分夸大、国家的扩张领土、征服他国和滥用权力，都表明了在国民议会中需要有人民代表站起来发言。在一些国家，人们认为这些代表是第三等级，这就是说个人利益放在第一位和第二位，公共利益仅列第三位。

主权是不可剥夺，是不能被代表的；它本质上存在于公意中，而意志是不可以被代表的。它表现的要么是同一意志，要么是其他意志，没有中间的可能性。因此，人民代表不是也不可能是人民的代表，他们只是人民的管家，不能执行任何明确的行动。人民没有亲自批准的每一项法律都是无效的，根本就不是法律。英格兰人民认为自己是自由的，但他们犯了个严重的错误，因为只有在选举议员期间他们才是自由的。一旦议员们当选，奴役就开始了，自由也就荡然无存了。在获得自由的短暂时间里，英国人民利用自由的方式使他们注定会失去自由。

"代表"这一概念属于近代词汇，它来自封建政府，来自不公正和荒谬的制度，这种制度贬低了人类，玷污了人类的名誉。在共和制度下，甚至在古代的君主制国家中，人民从来就没有代表，这个词根本不存在。非常奇怪的是，罗马时代的保民官是如此神圣，以至于没有人能想象他们可能会篡夺人民的权力，而在如此盛大的群众集会中，也没有人试图将自己的权威转让。这一点可参照在格拉古斯发生过的由于集会人数太多而造成的麻烦事，许多群众不得已只能从屋顶上扔下他们的选票。

在权利和自由至上的地方，出现一些缺点也无关紧要。在这个聪明的民族中，一切都被赋予了它的正义价值，他们任由仆人去做保民官不敢尝试的事，他们不担心仆人会有代表他们的企图。

然而，要解释保民官是如何代表人民的，只要设想政府如何代表君主就足够了。法律纯粹是公意的表达，很明显，在行使立法权时人民不能得到代表；但是在行政权的范围内，行政权只是用来赋予法律效力的力量，它既可以也应该被代表。因此，我们看到，如果我们仔细研究这个问题，我们会发现真正拥有法律的国家并不多。无论如何，可以明确的是没有行政权力的保民官永远不能通过赋予自己权力来代表罗马人民，而只有通过篡夺元老院的权力后才能代表人民。

在希腊，人们所要做的一切都是为了自己。他们经常在公共广场集合。希腊人生活在温和的气候中，他们没有天生的贪婪，奴隶们为他们工作，他们最关心的是自由。如果缺乏这些天然的优势，又怎么能保留同样的权利？恶劣的气候增加了你的需求，[①] 有半年的时间公共广场都不适合集会；你的语气平淡无奇，在户外根本没人在乎。这个时候，你关心的就是个人利益而不是自由，因为与被奴役比起来，你更害怕贫困。

然后呢？难道自由只有在奴隶制的帮助下才能得以存在吗？可能是这样。就像两个极端的相遇。一切不在自然进程中的事物都有它的缺点，公民社会更是如此。在有些不愉快的情况下，我们只能以牺牲他人为代价来保持我们的自由，只有当奴隶是绝对的奴隶时，公民才能完全自由。斯巴达就是这样。至于现代人，你们没有奴隶，但你们自己就是奴隶，你们用自己的钱为自己的自由埋单。你们吹嘘这种取舍都是徒劳的，因为你们用懦弱取代了人性。

我所说的这一切并不是说有必要拥有奴隶制，或者奴隶制是合法的。我只是在说明为什么相信自己是自由的现代人民需要代表的存在，而古代人民

---

① 在寒冷的国家里接受东方人惯有的奢华和慵懒的生活，无异于给自己戴上枷锁，并且比他们更不可避免地顺从于这种束缚。

却没有代表。无论如何，一个民族一旦被代表，那他们就不再自由，甚至人民这一称呼也不属于他们了。

从各方面考虑，我认为主权者想要在人民之间继续保留行使其权利的可能性几乎不存在，除非这个国家非常小。但是如果国家很小，它不会被其他国家征服吗？其实不会。我会在以后 ① 讲述如何把小国的易于管理和秩序良好与强大民族的对外力量结合起来。

---

① 我本打算在本书的后续中继续探讨，在谈及对外关系时我谈到了联邦制的问题。这是一个相当新的课题，其原则仍有待确定。

第十六章
论政府的建立绝非契约

立法权一旦确立，接下来就是确立类似的行政权，因为后者并非通过立法权而是只通过特定的行为起作用，所以自然要与立法权分立。如果主权者以其主权者的身份而掌握行政权，那么权力和事实会变得混乱，最终导致没有人能分清到底什么是法律而什么不是法律。政治体本就是为反抗暴力而创立的，但如果无法分清法律为何物，那这样的政治体很快就会成为暴力的牺牲品。

根据社会契约公民一律平等，全体公民应该做的事由全体公民共同决定，谁也没有权力去要求别人做他自己不愿做的事。这是对政治体生存和发挥作用不可缺少的一项权力，也是主权者在建立政府时赋予君主的权力。

人们一直认为，这种建立政府的行为是人民和它所设立的统治者之间的一种契约。在合同中双方订立条件，一方有义务发号施令，另一方有义务遵从。不过我相信：

首先，最高权威既不能被修改，也不能被异化，限制它就等于摧毁它。主权者设置一位凌驾于自己之上的主宰是荒谬和矛盾的。约束自己服从于一位主宰，那他们便又回归到了原始的自由。

其次，人民与某一个体订立契约显然是一种个别行为。因此，这种契约既不能成为法律，也不能成为主权行为，所以这种契约便是非法的。

显然，缔约双方彼此之间的关系只受自然法则的约束，其相互间的承诺没有任何保证，这一立场完全不符合公民社会的法则。强势的人总是履行契约的主动一方，所以这样的契约行为就相当于迫使一方对另一方说："我把我的全部都给你，条件是你愿意还给我多少就还给我多少。"

国家里只有一种契约，那便是结合的契约，它本身就排除了第二种契约存在的可能。任何一个公共契约均不可违背这一首要契约。

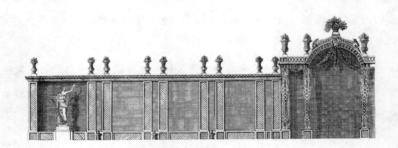

第十七章
论政府的建立

那么，应该如何理解这种建立政府的行为呢？我首先要指出的是，这是一种复杂的行为，因为它由另外两部分组成——法律的制定和执行。

法律的制定，即主权者规定应以这样或那样的形式建立政府，很显然这一行为本身是一项法律。

法律的执行，即人民任命统治者来负责所建立的政府的事务。而这种任命只是一种个体行为而不能称之为法律，它只是"建立政府"这项法律的结果，只是一种政府职能。

困难之处在于，要如何理解在政府出现之前就已经存在的政府行为，而仅仅只有主权者或臣民身份的人民，又是如何在某些情况下成为君主或执政官的。

政治体的一个惊人特质在这一点上显露无遗，而且正是由于这一特质政治体得以调和表面上相互矛盾的行为。因为这一特质是通过主权突然转变为民主制而实现的。不需要任何显著的改变，仅仅依靠全体与全体之间的一种新的关系，公民就能成为执政官，普遍行为便能过渡到具体行为，立法便能过渡到执法。

这种变化了的关系绝不是纸上谈兵，在英国议会里这样的事情每天都在发生。某些情况下，议会下院会自行决定成立大委员会以便更好地讨论政务，此时的议会下院便从一个主权机构变成了一个纯粹的委员会机构。随后，它会向议会下院也就是它自己汇报其以大委员会身份所讨论的结果，并以另一个名字重新讨论之前已经讨论过的问题。

事实上，民主制政府的独特优势在于，通过简单的公意行动便能在现实中组建政府。之后，如果这种形式得以保留，或以法律规定的主权国家的名义设立临时政府，那这个临时政府便可继续执政。整个过程都是合乎规矩的。如果违背上述原则，就不可能以合法方式建立政府。

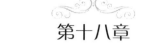

第十八章
论如何防止政府篡权

我们上面的论述也印证了第十六章的观点，即政府的建立绝非契约，而是法律。行政权力的委托人只是人民的办事官而非主人，人们可以按照自己的意愿设置和罢免他们。对于这些办事官来说，他们无权与人民订立契约，只有服从。而且，在履行国家赋予的职能时，他们只是在履行自己作为公民的职责，没有任何权力在相关条件上讨价还价。

因此，当人民建立起世袭政府时，无论是只属于一个家庭的君主制政府，还是只属于一个阶级的贵族制政府，都绝非人民在做出什么契约承诺，而只是人民选择的一种临时行政形式。只要人民愿意，他们就可以选择改变政府形式。

的确，这种变化总是危险的，除非政府与公共利益到了水火不相容的地步，否则不应触动现有的政府。但是这种谨慎只是一项政策准则，而不是一项法律规则。就像国家不会将军事权力交给将军一样，国家也不会将执政权威交给行政官。

同样，在这种情况下，我们不可能过于谨慎地遵守一切必要的程序，以至于无法区别正常合法行为与煽动骚乱行为，无法区别全体人民的意愿与某个派别的猖狂叫嚣。此时，只能用严格依照法律规定且人民无法拒绝的方式来应对这些令人深恶痛绝的情况。君主也从这一义务中得到了巨大的好处，那就是可以不顾人民的反对维护自己的权力，而且不会被说成是其篡夺了权力。表面看来君主似乎只是在使用自己的权力，但他可以轻易扩大这些权力，并以维持和平安宁为借口阻止旨在恢复良好秩序的人民集会。由此人民会因畏惧而保持沉默，而君主则利用万马齐喑的局面将因畏惧而三缄其口的人说成是自己的拥趸，或指鹿为马，惩罚敢于开口直言的人。罗马的十人议会就是这样，最初当选时任期一年，之后又连任了一届，他们试图通过禁止民众集会来维持他们的权力。世界上所有的政府一旦被赋予了公共力量，迟早都会用这种简单的方法篡夺主权权威。

我前文说过的定期集会的目的就是防止或推迟这场灾难，尤其是当集会不需要正式召集的时候。在这种情况下，如果君主阻挠集会的进行，那就无异于宣称自己是犯法者和国家公敌。

这些集会的唯一目的便是维持社会公约，集会应始终围绕永远不可取消且应分别进行表决的两项议题展开。

第一项：主权者是否愿意保留现在的政府形式？

第二项：人民是否愿意让现在的行政官继续执政？

我认为我已经清楚表达了我的观点，即国家之中没有任何法律是不能废除的，即便是社会契约也是如此。因为，如果全体公民一致同意通过集会来废除某项契约，那么毫无疑问这项契约将被合法地废除。格劳秀斯甚至认为，每个人都可以放弃其所属国家的公民资格，以便在离开这个国家时重新获得其天然的自由和财产。[①] 公民作为一个个体所能做的事情，如果因为参加集会而不能做了，那确实是十分荒唐的。

---

① 当然，这里的前提是他的离开不是为了逃避他的义务，不是为了在祖国需要的时候逃避报效祖国。那样的离开就是犯罪，是应该受到惩罚的。那样的离开不是离开，而是叛国。

第四卷

第一章
论公意是不可摧毁的

　　只要聚集在一起的几个人认为他们是一个单独的个体，他们对于共同的生存环境和普遍幸福的关注就会凝聚为唯一意志。在这种情况下，国家是朴素并充满活力的，所有的规则都是清晰明确的；没有利益的矛盾纷扰，共同利益都是显而易见的，唯一需要的就是人们需要良好的感知来意识到这种幸福。和平、团结和平等是政治上相互攻讦的敌人。正直和朴素的人很难被欺骗，因为他们单纯；诱惑和花言巧语不会对他们产生吸引力，他们还没聪明到足以被欺骗的地步。当我们在世界上最幸福的人中看到一群农民在橡树下讨论着国家事务并总是以明智规范着自身行为时，难道我们不会对其他民族采用种种玄妙的方式使其自身陷于神秘兮兮和悲惨的窘境而报以轻视吗？

　　一个治理有方的国家，只需要很少的法律；而当其需要制定新的法律时，这种必要性早已经被人们所普遍认识到。第一个指出这种必要性的人不过是将大家都已经感知到的情况说出来而已。只要他确信其他人都会像他一样，那么把每个人都已经决定要做的事通过变为法律就不再需要通过内部相互攻讦、阴谋以及雄辩等手段。

　　一些理论家陷入的误区在于他们仅仅看到一些国家在成立之初表现出了错误的组织构成，于是便震惊于这一政策在这一国家实施是根本不可能的。他们就像一个聪明的无赖或含沙射影的演说者，让巴黎和伦敦的人们相信所有荒谬的事情。他们不知道克伦威尔会被伯尔尼的人民关进"钟楼"，也不知道波佛公爵会被日内瓦人民监禁起来。

当社会纽带开始变得松弛以及国家变得虚弱的时候，当个人利益开始受到重视，小社会开始影响到大社会的时候，共同利益发生变化并出现与之相对立的利益时，观念就不再是全体一致的认同了，公意也不再是全体人民的意志，此时相反的观点和纠纷争论就会出现，而最佳的建议也不会再被毫不怀疑地接受。

最后当国家濒于崩溃，仅呈现以一种无效的、虚幻的和形式上的存在状态时，当社会契约在每个人的心中都已崩塌以及最自私的利益被厚颜无耻地冠以神圣的"公共利益"之名时，公意就变得沉默了；每一个人都以自己私自的动机为指导，就好像国家从来没有存在过一般，所有人都不再像公民一样发表观点，而且还会以法律的名义通过以个人利益为唯一导向的极不公正的法令。

是不是由此就可以看出公意就已经彻底地消失或者堕落了呢？并不是这样的，公意始终是牢固不变和纯洁的，只不过屈居于其他侵占其领域的其他意志之下罢了。每个人在将个人利益与公共利益相分离的时候都应该清楚地意识到他并不能将二者完全地分裂开来；而且从他能够从公共利益中获得的好处来看，其所分担的那份公共灾祸更显得微不足道了。除了这些特有的好处之外，他对自身利益与公共利益相结合的意愿的强烈程度也是与他人一样的。即使他为了金钱出卖了自己的那一份投票权，他也没有消灭自身对于公意的认可，只是选择了逃避。他的错误在于改变了问题的状态使得自身所答非所问。他在投票时想的不是"这是否对国家有利"，而是想的"这种或那种观点应该占上风应该对某个个人或党派有利"。于是集会中的公共秩序法则便不再扮演对公意维持和保护的角色，反而常常要对它进行质疑，并对它做出回答。

在此我本想多讨论一下众多主权行为中简单的投票权，它是一项任何人都不能从公民手中夺走的权利。我还本想多谈一下发言权、提议权、分议权和讨论权等，这些权利政府都谨慎地将其赋予自己的成员所有；但是这些重要的议题需要另一篇文章来阐述，所以我无法将这些内容全部融入这一主题当中。

第二章
论投票权

从上一章我们可以看出，管理一般性事务的方式是显示一个国家实际道德情况和政治体健康状况的有力标志。在集会中人们的观点越趋向一致，或者说，人们的观点越相近趋同，则公意越能够显现出优势。另一方面，长时间的激辩、分歧以及争吵则显示了个人利益正在占据优势而国家利益所占比例正在减少。

就像罗马的贵族和平民一般当国家的体制中建立了两个或者更多的等级时，这种情形则更不明显；因为这两个等级的争吵常常会扰乱公民大会，即使是在共和国最辉煌的时期亦是如此。但是例外情况要比真实情况更加明显，由于这时政体固有的瑕疵，可以说在一国中出现了两个国家，而两者在一起都不真实，对于分开的两者而言就是真实的了。的确，即使是最动荡的年代，只要元老院不干涉其中，公民投票总是在大多数人的表决中平静地进行。公民只有一种利益，人民只有一个意志。

在循环的另一个极端，会出现群体一致的情况；这时候处于被奴役状态下的公民既没有自由也没有个人的意志。恐惧和吹嘘将投票演变为阿谀奉承，持重的思考消失了，只留下了爱慕崇拜和诅咒谩骂。元老院在君主的统治下就是用这种可耻的方式来表达观点的。有时候这种做法过于谨慎小心。塔西佗曾说过，在奥索统治下的元老院，毫不吝惜对维特里乌斯的咒骂之词，同时故意地制造出吵吵嚷嚷的噪音，以便假如维特里乌斯有朝一日变为了他们的主人，他不会得知他们曾经说了什么。

通过这些基于不同规则的考虑可以看出，应通过判断公意的难易程度以及国家当前的衰退程度来考虑投票的计数方式以及比较不同观点的方法。

只有一种法律出于其本质的原因才需要全体一致同意，这就是社会公约。因为公民间相互联合是所有行为中最自由的一种。每一个人都是生而自由并且天然地扮演着自己主人的角色，没有人可以利用任何借口在未经其本人同意的情况下就使其屈服。一个人若是得出奴隶的儿子天然就是奴隶的判断，就等于说他天然就不是一个人。

即使在制定社会契约时遭到反对，他们的反对也不能当然地令契约无效，只是将反对者排除在外而已。这些人成为公民中的外乡人。当国家建立后，居住在哪里就意味着赞成哪里的统治，居住在谁的领土上就要服从当地的主权者。[①]

除了这一原始的契约外，大多数投票结果是可以约束其余所有人的，这是契约本身所产生的结果。但是这就会令人产生疑问："为什么人生而自由，却不得不遵从不属于他的意志呢？那些反对者是怎么在享有自由的同时又去屈从于他们所不同意的法律的呢？"

我对这一问题的反驳是它自身的提法是错误的。公民对所有的法律都表示了赞同，包括那些不顾他们反对而通过的法律以及他们胆敢破坏任何一条就会收到惩罚的法律。所有成员的意志所订立的契约就是国家的公意；正是

---

① 这当然应当理解为特指自由的国家。因为家庭、商品、缺乏安居之处、生活必需品或者暴力等因素也可以是一个人违背自身意愿而留在一个国家，由此他居住在这里并不就意味着他同意遵守或者侵犯社会契约。

通过这一点他们才成为了公民并且获得了自由。[①] 当有人在公民大会上提出一条法律时，他不会询问是否有人同意或者反对这一提案，而是看这一法律是否与他们的意志也就是公意相符。每个人通过投票来表达对这一法律的观点，而投票的结果就表示了公意的方向。当与我自身观点相反的意见占据主流的时候，这并不能说明什么，只能说明我的意见是错误的，说明我所认为的公意并非如此。如果我个人的观点战胜了公意，那么我就做了一件与自身意志相反的事，而我自身这时也不再是自由的了。

当然，这一说法存在一个假定前提，那就是公意的所有特征都存在于大多数人之中，当事实并非如此时，无论一个人站在哪一边，都没有自由可言。

在我前面所谈到在公共审议中人们是怎样用个人意志代替公意时，我已详细地指明避免这一滥用切实可行的手段；关于这一点我稍后还会更详细地说明。而对于宣告这一意志所需要的投票比例，我也给出了比例原则。一票之差就会破坏对等性，一票反对就会破坏全体一致性，但是在对等性和全体一致性之间还有几个等级的分配方式，人们可以依据政体的情况以及需要来确定每个等级的比例。

有两个一般准则来调整这一关系。首先，讨论的问题越是严肃重大，越应采取观点一致的方式。其次，事件越是需要快速解决，投票所规定的差异数量应该越小，一个在短时间内需要达成的决定，超过多数一票就已经足够了。第一个准则看起来更适合法律的制定，而第二个准则更适合实际事物的执行。无论如何只有将二者相结合，才能确定大多数所需要的比例。

---

① 在热那亚，"自由"一词也许会标识在监狱大门的上方或者奴隶的镣铐上。这种方式是很好且正义的。确实，只有自由邪恶的人才会阻碍公民的自由。在一个将这类人都判决送去服劳役的国家，人们就可以充分享受自由。

第三章
论选举制

我前面已经说过，关于君主和行政官的选举，这是一种复合型行为，对此可以采取两种程序手段即：个人选择和抽签。这两种方式都曾经在不同种类的共和国中得到使用，甚至在现在的威尼斯，在选举总督的过程中还是按照这两种方式的更为复杂的混合形式来进行的。

孟德斯鸠说过："利用抽签的方式来进行选举，是符合民主制的本质的。"我同意这一观点，但是应该怎么解释它呢？孟德斯鸠继续说道："抽签是一种令任何人做出选择都不会觉得不公平的方式，它使每个人都怀有为祖国服务的合理希望。"不过这些并不是真正的原因。

如果我们认识到，选举统治者是一项政府的职能而非一项主权的职能，我们就会明白抽签之所以是一种符合民主本质的方式，是因为行政行为的数量越少，则行政机构的配比越合理。

在真正的民主制度里，担任行政官并没有任何好处，反而是一项沉重的负担，我们不能将一项任务公平地指派给一个人而非另一个人。那么就只有法律能够将其赋予那个中签的人。因为在抽签时大家所面对的条件是相等的，所作出的选择不是由任何人的意愿所左右的，这其中没有任何特别的运作方式能够改变法律的普遍适用。

在贵族制中，是由君主来选择君主，政府依靠其自身的运作来保护自己，在这种情况下，投票选举无疑是合理的。

我们以威尼斯选举总督为例进行确认，其并没有否认这种差异性：混合式的形式正适合于混合式的政府。因为将威尼斯政府看作是真正的贵族制本身就是错误的。如果人民没有在政府中享受到任何权利的话，那么贵族阶级本身代表的就是人民了。贫穷的巴纳波特人永远不会接近行政官的职位，它的贵族仅仅拥有总督这一空洞的头衔以及出席大议会的权利。因为大议会的数量和我们日内瓦数不清的全体大会几乎一样多，所以它高贵的成员并不比我们普通的市民拥有更多的特权。因此无可争议的是，除了这两个共和国的极端差异之外，日内瓦的资产阶级恰恰相当于威尼斯的贵族阶级，我们的原住民和当地的居民就相当于威尼斯的城镇居民和人民，我们的农民就相当于大陆上的臣民。总之不去考虑它的国土面积，无论怎么看这个共和国，它的政府都不比我们的更像贵族制。全部的差别就在于我们没有一个终身的统治者，我们不必像威尼斯一样运用抽签的办法。

在真正的民主制度里，运用抽签的方式进行选举并没有什么不足之处，因为无论是在道德或是才能方面，抑或是原则和财富方面，大家都是平等的，谁最终当选几乎不会有任何差别。不过我已经说过，真正的民主制仅仅是一个理想。

当自愿选举与抽签的方式相结合的时候，对于如军事职位这般需要有特殊才能的职位，应当采用前者的方式选拔；而后者适用于类似审判官这种需要良好的常识、公正的判断以及正直的品行类的职务，因为在一个体制健全的国家中，这些品质是所有公民都具备的。

而在君主制的政府中，两种方式都不被需要。国王从权力的角度上来讲是唯一的君主和审判者，对于其下属选择的权力无疑是属于他自己的。当圣比埃尔神父建议法国国王的议会机构应当多样化，并用投票的方式来选举其成员时，他并没有意识到正在建议改变政府的形式。

我本该现在谈一谈在公民大会上提出以及统计观点的方法，但是罗马的体制在这些方面也许把我准备要讲的进行了更加有力的阐述，洞察一切的读者仔细审视一下一个二十万人的大会上是如何处理公共事务和私人事务的，对他们来说是大有裨益的。

第四章
论罗马公民大会

　　我们没有关于罗马早期存在的良好证明记录，大部分关于它口口相传的故事看起来可能都是寓言。的确，一般而言，各民族编年史中最有益的部分就是关于其创建的历史内容，而这也是我们最缺少的。经验每一天都在告诫我们是什么原因导致帝国的革命发生；但是现在已经没有新的民族再形成了，我们无从验证，只能推测它们是如何诞生的。

　　从现已发现的文明习俗表明这些习俗都有一个起源。追溯这些具有最高权威支持的传统的起源，并且能够得到最强证明力证实，那么我们都应当认为它是真实可靠的。这是我去探究这个世界上最自由和最有力的民族是如何行使它们的最高权力时试图遵循的规则。

　　罗马创建后，新生的共和国，即由阿尔班人、萨宾人和异乡人组成的创建者军队，被分为了三个阶级，并通过这一区分被冠名为部落。每一个部落都会被再分为十个库里亚，而每一个库里亚又会被细分为若干德库里亚，它们的首领分别被称为库里昂和德库里昂。

　　此外，每一个部落还必须召集一支由一百个特权阶层的人或者骑士所组成的队伍，其被称为百人团，这表明这些在城镇中没有必要的划分最初仅仅是军事性质的。不过，罗马这一小镇能够创建出一种领先世界的政治体系使其有资格成为世界之都，应该说完全是出于一种本能。

　　抛开这种原始的划分之外，就出现了一种令人尴尬的状况，阿尔班人的部落和萨宾人的部落依然如旧，然而外乡人的部落由于来罗马居住的外来人口不断增加，很快就以明显的优势超过了前两个部落。塞尔维乌斯通过改变划分的规则来纠正这一危险的错误，他废除了通过种族划分的制度，取而代之的是根据部落在城镇中居住的范围来划分。他将原本的三个部落划分为四个，并将其范围用一座罗马的山脉来命名。通过这种方式，既弥补了当前的不平等，也为未来可能出现的不平等提供了一种解决方式；为了保证这种划分方式是依人种和地域而定，他禁止当地居民迁移到另一区域，以防止种族的混合。

他还把三个原有的百人骑士团扩大了一倍并新增十二个百人团，不过这些百人团依旧沿用原有的名称，通过这一谨慎的方法，他成功地将骑士阶层与人民进行了区分却不至于招致后者的非议。

在这四个城市部落的基础上，他又增加了十五个乡村部落。因为它们是由划分为十五个乡村区域的居民组成的，由此又多出了十五个部落。最后罗马人发现，他们演化分为了三十五个部落并一直持续到共和国结束。

城市与乡村部落的划分产生了一种值得一提的影响，因为在这之前从未有类似情况出现，而且罗马也通过此方式保护了它的道德标准以及扩大了帝国的版图。本来应该出现的情况是城市部落垄断了权力与荣耀，并在不久的将来使乡村部落沦落到声名狼藉的地步，然而情况恰恰相反。早期的罗马人民是钟情于乡村生活的。这种倾向的形成源自于他们睿智的创立者，他将农村劳动力和军事力量与自由相结合，并且将艺术、手工艺、阴谋诡计、贪恋财富和奴隶制带进了城里。

既然所有罗马最杰出的人士都居住在乡村并且钟情于耕种土地，人们也就逐渐习惯于到此去寻找共和国的栋梁之材。这种生活方式被罗马最为尊贵的人士所推崇，因此也受到所有人的称赞；在罗马，村民们简单而辛勤的劳动生活方式要比城镇中资产阶级式的慵懒而虚度光阴的生活方式更受推崇，一个在城镇中不幸的无产者，一旦回到乡村中作为劳动者，马上就会变得受人尊重。瓦戎说：我们伟大的先祖将乡村建设成为强壮而勇敢人士的滋养地不是没有原因的，它能够在战争期间为杰出的人士提供保护并在和平时期为他们提供保护。普林尼得出积极的结论：乡村部落因为它的人员构成而得到大家的尊重，然而为了羞辱那些使大家感到羞耻的人则把他们迁移到城市部落。当萨宾人阿乌皮斯·克劳迪乌斯来到罗马定居时，他被授予荣耀并随后将其居住地的乡村部落以他的姓氏来命名。最后，被重新给予自由的人都被送到城市而绝不会被送到乡村，从来没有出现过一个即使被赋予自由的人重新变为罗马共和国的公民而让其担任任何行政职务的例子。

这本是一个卓越的原则，但是却被推行得过了头，最终其发生了质变并体现于政治系统中的滥用。

首先监察官在长期掌握可以将公民从一个部落迁徙到另一个部落的权力后，其允许大多数人根据自己的意愿加入他们所中意的部落。这种许可没有任何好处，并使审查制度失去了其最大的优势。同时，由于具有影响力和权势的人都选择居住在乡村地区，而被重新赋予自由的人则变为公民后与普通大众一起居住在城市部落，这两点使得本土或领土的概念失去了意义，登记制度使所有人都被混杂在一起而无法说清其来自于何处；"部落"一词逐渐变为了一种个人概念而非具有现实意义，或者说其逐渐变为了一种幻觉。

同时由于城市部落的人口更加集中，其时常会在公民大会中处于优势地位，这就使得他们卑微地将国家出卖来获得组成他们的乌合之众的选票。

由于创建者为每个部落建立了十个库里亚，居住在罗马城内的人民由三十个库里亚组成，每一个库里亚都有自己的寺庙，自己的信仰，自己的管理者，自己的神父以及自己被称为大路节的节日，这和随后的乡村部落中的乡村节差不多。

由于三十个库里亚无法被平均分配在四个部落中，而塞尔维乌斯又不想从中干涉，所以他又进行了一种新的划分，其逐渐演变为对罗马居民的进一步的划分，并相对独立于部落；不过在乡村部落以及其成员中则不存在库里亚的问题，因为其已经形成了一种相对独立的公民体系并采用了一种全新的征兵体系并使得罗穆卢斯的军事划分法变得多余。因此尽管每个公民都需要在部落中注册，但是却有许多不是库里亚的成员。

塞尔维乌斯还提出了与前两种提到的划分方法存在明显不同的第三种划分方法，从影响效果上来看，其应该是所有划分方法中最为重要的。他将所有罗马人分为六个等级，既不按地域也不按人种，而是按照财富来划分；第一个等级是富人而最后一个等级是穷人，介于中间的则是平衡两者的中产阶级人士。这六个等级又会被再分为一百九十三个被称为百人团的个体，其超过半数是由第一等级构成的，而最后一个等级仅仅构成了一个团。因此就使得人数最少的等级却拥有了数量最多的百人团，而整个最后等级却仅仅是总体的一个再分类，虽然它包含了罗马一半以上的居民。

为了使人民更少地洞察这种安排所导致的后果，塞尔维乌斯设法赋予其军事组织的基调：他在第二等级中插入了两个军协官的百人团，并在第四等级中加入了两个战争工具制造者组成的百人团。除了最后一个，在每一个等级中他又将其区分为青年和老年，即有义务服兵役的人和因处于合法年龄而免除兵役的人。这种划分方法相比较于以财富为标准，更需要频繁地重复进行人口普查与统计。最后他要求公民大会要在马尔斯广场举行，所有处于服兵役的适龄者都需要武装起自己参加大会。

他之所以不在最后一个等级也以青年和老年来区分的原因是他不想让构成这一等级的人也享有为国服兵役的权利，一个人只有拥有了财富才获得了保卫它的权利，像今日之国王的军队里为了装点门面的乞讨者如果放在罗马的军队中无疑会受到鄙视并被驱逐出去，因为当时士兵们都是自由的保卫者。

　　然而，在最后一个等级中，他将无产阶级与按人头计数的人相区别，但前者并不是一无所有，至少它还为国家提供公民，甚至在一些情势紧张的时刻还为国家输送士兵。至于那些一无所有，只能按照人头才能够计数的人，则完全不被人所关注，马留乌斯是第一个屈尊开始招收他们的人。

　　在此不论第三种方式本身是好是坏，我认为它是切实可行的，完全是依靠早期罗马人对于自身美好塑造的追求即淳朴的道德标准、无私的品质、对农业生产的偏爱以及对商业的鄙视。现代人充满了贪婪、内心动荡、尔虞我诈、流离不安和不断重演的财富变动，谁能够做到让这种做法持续 20 年而不扰乱国家呢？我们必须看到的是，正是罗马比这一制度更强有力的道德标准和审查机制的存在，才纠正了其内部存在的瑕疵，如果富人过于炫耀自己的财富的话，会被贬谪到穷人等级中去。

　　从以上内容我们就容易理解为什么存在六个等级，却仅有五个等级经常被提到。第六等级既没有服兵役武装自己的权利，也没有在马尔斯广场投票的权利，[①] 在国家中几乎不发挥任何功用，很少会被人注意到。

　　以上就是罗马人进行划分的几种方式。现在让我们来看一下这类划分在公民大会中的影响。这些被合法举办的大会叫作罗马公民大会，通常是在罗马的公共广场或马尔斯广场举办，根据召开的需要被分为库里亚大会、百人团大会和部落大会三种。库里亚大会是由罗穆罗斯创立的，百人团大会是由塞尔维乌斯创立的，而部落大会则是由大众的护民官创立的。法律制裁的通过与行政官员的选举都需要在公民大会上得到认可，由于每一个公民都归属于一个库里亚，一个百人团或者一个部落，因此没有公民会被排除在投票选举权之外，罗马人民可以称得上是事实上和法律上真正的主权者。

---

　　① 我要指出"马尔斯广场"是因为几百年来百人团的大会都是在这里召开的；至于人民召开的其他两种集会，则是在公共广场或是其他地方举行；当时百夫长的影响力和权威还非常大，甚至不亚于最高等级的公民。

　　为了能够使公民大会合法地召开并使其通过的法律得到强制力实施，需要三个条件的支持：第一，召开大会的主体或行政官必须拥有相应的权力；第二，大会必须在法定日期召开；第三，占卜显示的结果必须是有利的。

　　第一条原则存在的理由我们无须解释。第二条原则的存在是出于政治因素考量，因为在节日或者市集日，乡村中的人来罗马有许多事情需要做，没有办法花费一天的时间在公共广场上，所以没有办法举办大会。通过第三条原则，元老院可以约束骄傲而焦躁不安的人们，适当地压抑护民官的煽动性，尽管他们有不止一种方法可以排除这种妨碍。

　　法律和首领的选举并不是唯一需要在公民大会上通过的问题，因为罗马人民已经掌控了政府部门中大多数重要的职能，那么我们可以说欧洲的命运就是在这些大会上得到调节的。他们需要根据宣称的事项来决定其所召开大会的种类和目的。

　　为了对这些形式加以评判，只需要对它们进行比较就足够了。罗穆罗斯创建库里亚的目的是使人民来制约元老院，而元老院也可以制约人民，至于他本人则可以对两者都保持支配地位。他通过这种会议的形式给予人民数量上的优势，以此来平衡他给予贵族的权力和财富上的优势。不过受君主制精神的影响，他还是给予了贵族更多的优势，因为他们的成员掌握着主要的投票权。这样一种卓越的赞助人和主事人之间的制度，是政治智慧与人性相结合的伟大杰作，没有这种制度的存在，与共和国精神相违背的臭名昭著的贵族阶级便无法存活。罗马应骄傲于它为世界独一份地提供了这一伟大示例，其从未被滥用过，却也再未被效仿过。

　　库里亚的这种大会形式从王政时期一直持续到塞尔维乌斯时期，其后的塔尔干时期的统治被视为是非法的，所以我们一般称呼王室法律为库里亚法。

　　在共和国，库里亚依旧被限制在四个城市部落，而且只包括罗马人，因此其既不适用于作为贵族领导者的元老院，也不适用于作为富裕公民首领的护民官，尽管他们也是公民。因此他们声名狼藉，堕落至此，三十个随从就可以聚集起来做公民大会应该做的事情。

百人团的划分对于贵族是如此有利，使得人们一开始看不出为什么元老院在以他们命名的公民大会上选举执政官、监察官和其他显贵执政官的过程中总是失败。原因在于划分罗马人民的六个等级中的一百九十三个百人团，第一等级就包含了九十八个人，而投票仅通过百人团来进行，所以以第一等级所占总体的比例就超过了其他等级的总和。当所有的百人团达成一致时，其他人就不需要再投票了，最少数人的决定就成为绝大多数人的认可。因此可以说，在百人团大会上，决策是由财富的多少而非选票的数量决定的。

但是这种极端的权威可以通过两种途径进行调节。首先护民官和大量的平民都是属于富人等级，因此可以很好地在第一等级中与贵族相平衡。

第二个途径是舍弃百人团投票从第一等级开始按顺序进行的做法，而是抽签选出一个百人团单独进行选举，之后再另选一天按等级召集所有的百人团再进行一次选举，使其作为一种确认的规则。这种方式产生的权威不再属于等级，而是归属于民主制原则。

这一传统还有另外一点好处。乡村居民有时间在两次选举的间隙亲自去了解临时提名的候选人的价值和长处，以防在无知中投票。但是借口于要加速投票的进程，这一传统被废止了，改为两次选举在同一天进行。

部落大会可能才是罗马人民真正的议会。它只能由护民官召集并在会中通过护民官的选举和公民投票。元老院不但难以对其施加影响，甚至无权参与其中；元老们被强迫遵守他们没有投票权的法律，在这一点上他们甚至要比最卑微的公民更加缺少自由。这种不公平是一种病态的构想，足以使其不被所有成员所接纳并令法令无效。如果贵族按照他们作为公民所拥有的权利而参加大会的话，其仅仅作为个体是不会对按人头计数的投票产生巨大影响的，因为在这里最卑微的无产者和最高贵的元老院也是平起平坐的。

由此可以看出，除了让众多民众在投票过程中按各种分配方式达到秩序外，这些手段本身也不是可有可无的，但每一种结果都要与选择的目标相关。

不必再深究细节，从以上论述中我们就可以得出，部落大会是最有利于人民的政府的，而百人团大会是最有利于贵族的。至于由罗马的百姓组成多数的库里亚大会，它仅仅适合暴政和邪恶的构建，所以落得个声名狼藉的下场，甚至就连那些极具煽动性的人物都放弃使用这一太容易清晰地显露他们计划的手段。无可争辩，罗马民众的尊严只有在百人团大会上才会得以实现，因为仅有它将所有人包含其中；库里亚大会排除了乡村部落，而部落大会则排除了元老院和贵族。

至于计票的方式，古罗马虽不像斯巴达人那样简单，但也像其道德标准一样朴素。每个人都高声宣布他们投给了谁，并由书记员将其记录下来；每个部落的多数人决定部落的投票，而部落的多数票决定人民的投票，库里亚和百人团也是如此。这一习俗只要每个公民都是诚实的，每个人都羞于把票公开地投给一个不公正的提议或者一个无价值的议题，那么它就是好的；但是当人们已经堕落并且贿买选票的时候，秘密进行选举就是最适合的方法了，它可以凭借人民的不信任来限制受贿者，并且为无耻之徒提供一种不至于沦为叛国贼的方法。

我知道，西塞罗谴责过这种变化，并把共和国部分灭亡的原因归咎于此。不过尽管我意识到了西塞罗的权威性在这一观点中所具有的影响力，我仍然不同意他的观点；我恰恰相反地认为，正是缺乏这种足够的改变，才加速了国家的毁灭。正如健康人士的养生之道并不适合于病人，我们也不能期望像用法律治理善良的人一样去治理一群已经腐化堕落的人。再也没有什么比威尼斯共和国存在时间之长更能证明这一点的了，其影响力至今犹存，唯一的原因就是它的法律适合邪恶的人。

每个公民都会被提供一张选票在他人不知情的情况下投票，并采用了新的手段来进行收集、汇总和比较等；但是所有这些预防措施都没能阻止人们怀疑承担这些责任的官员们的忠诚度[①]。最后为了防止选举过程中的阴谋和非法交易，还发布了一系列法令，而这些法令的数量正代表了它们的无用性。

到了共和国的末期，罗马不得不求助于一些非凡的权宜之计来弥补法律的不足之处。有时候他们寄希望于奇迹，但是这一手段可能会对人民略有影响，却不会对统治者有用。有时候在候选人玩弄手段之前会仓促地召集一次大会。有时候当发现坏人已经赢得选举并可能担任错误的职位时，人们就会坐在那里并不停地说话来占用时间。但是最后野心避开了所有制约它的企图。最令人难以置信的是在众多被滥用的行为中，为数众多的罗马人民多亏了古老的规章，从未停止选举行政官、制定法律、宣判案件以及处理公私大小事务，其所推行的容易程度和元老院几乎是相同的。

---

① 包括监管、分发和问询。

第五章
论保民官制

当国家的各个组成部分不能彼此间建立精确的比例时，或者当一些不可消除的原因不停地改变着一方对另一方的关系时，这时就需要建立一个特别的和其他团体没有任何关联的行政官机制。它能够使社会的每一个部分与他人都处于正确的关系之中，并且为君主和人民，或者君主与主权者，或者有必要时在两者之间都提供一种联系，或者说起到一种平衡的作用。

这个主体我们应该称之为保民官，他是法律和立法权的保护者。他有时会像罗马的人民护民官一样为主权者对抗政府提供保护，有时候像威尼斯的十人会议一样对政府对抗人民提供支持，有时又像斯巴达的监察官一样在二者之间维系平衡。

保民官制并不是城市的组成部分，它没有任何立法权和行政管理权限；然而正是这一点使它拥有了最高的权限：因为它虽然不能做任何事，但是却可以阻止事情的成功。作为法律的保护者，它比执行法律的君主和授予法律权威的主权者更加让人们敬畏。在罗马我们可以明显地看到，骄傲的贵族对于人民是充满鄙夷的，但是他们却不得不在一个既没有占卜能力又没有司法权的平凡官员面前低下头来。

能够进行良好调节的保民官制度，是一个良好体制最有力的支撑；但是假使它的力量被轻微地过度使用，就有可能扰乱整个国家。软弱并不是它的本质，只要在它的职权范围之内，它绝不会对自己应该做的事情视而不见。

当保民官篡夺了本应该对其自身进行限制的管理权以及试图去执行其本应只是进行保护的法律时，保民官制就会堕落为暴政。当斯巴达还保持其无害的道德标准时，监察委员会所拥有的巨大权力加速了已经开始的腐化进程，由暴君屠戮所流出的阿基斯之血是他们继任者复仇所带来的；监察委员会所犯下的罪行以及其所受到的惩罚，同样加速了共和国的崩溃，在克里奥门内斯之后，斯巴达就显得微不足道了。罗马也是经历过同样的历程而灭亡的：保民官一步一步地篡夺了过多的权力，并在保障自由的法律的帮助下，使其变为了摧毁自由的君主的护身符。至于威尼斯的十人委员会，简直是一个血腥的特别法庭，无论是平民或是贵族都对其感到恐惧。它现在已经不再服务于法律并给予其高尚的保护，而是自贬身份委身于黑暗中，攻击那些无人敢去关注的地方。

和政府一样，保民官制会因为其成员数量的增加而变得虚弱。罗马人民的保民官最开始只有两个人，后来增加到五人，后来又希望增加一倍，元老院同意了这一做法，因为他们有信心可以利用一方去牵制另一方，果然最后这一做法确实奏效了。

防止这一令人敬畏的主体篡夺权力最好的方式——尽管目前为止尚未有政府应用，就是避免使其成为永久性的制度，而是规定其在一定的时期内暂时失效。这段间隔不宜过长，以防止权力被滥用，因此可以通过法律来进行修订，以便在必要时通过特别委员会缩短这一期限。

这种方式在我看来并没有什么不足之处，因为正如我所说的，保民官制并不是体制的组成部分，所以即使取消它，对体制也不会有任何的影响。这种方式看起来是切实有效的，因为一名新恢复职位的行政官其所行使的权力并非来自于他的前任，而是来自于法律。

第六章
论独裁制

法律的刚性，往往会使其不能依据环境的情况而得到变通，因此在某些情况下，它可能会带来灾难性的后果，可能会使国家在危机中毁灭。形式主义的程序性和缓慢性要求针对危机要有一定的时间和空间来应对，因为事件的千变万化使得立法者无法事先对它们都预料得到，因此最需要的部分就是认识到不可能每件事情都能够预见得到。

因此不应该将政治制度建立得过于僵化而丧失使其暂时停止运行的能力。就连斯巴达都曾经允许它的法律进入休眠状态。

然而只有在最危急的状态下才值得去冒变更公共秩序的风险，除非是国家生死存亡的紧要关头，其他任何时候都不应该阻止法律神圣力量的行使。在这种罕见而显而易见的情况下，可以通过特别的行动制作相对应的条例，将公众安全委托给一个最值得信任的人。这种委托可以按危险的本质分为两种方式。

如果提高政府活力是一种良好的改进方式的话，权力会集中于一到两个成员的手中：在这种情形下，其并不是减少了法律的权威，而只是一种行政方式。但是另一个方面，如果法律机器成为维护其存在的障碍，那么解决方式就是指定一个最高的领导者并赋予其使法律归于沉寂以及暂停主权者权威的权力。在这种情形下，公意是毋庸置疑的，而且很明显人民最初的意图就是要求国家不应该被毁灭。这时虽然立法权被中止，但并不意味着其被废除；选举出的行政官虽然可以使立法权归于沉寂，但却不能为其发言；他可以控制立法权，但却不能代表它。他可以做任何事情除了立法。

第一种手段罗马元老院曾经采用过，其根据一项神圣法则，将保卫共和国安全的权力赋予了执政官。第二种手段是在两个执政官中任命一个独裁者①——这是罗马从阿尔比的先例中借鉴而来的一种方式。

在共和国的初期，罗马经常采用独裁制，因为此时保持国家的稳定还不能仅仅依靠宪法的力量。此时国家的道德风尚使许多在其他时期成为必要的防范措施变得多余，人们既不担心独裁者会滥用他的权威，也不担心其会在任期届满时仍试图保有其地位。恰恰相反，如此巨大的权力对于被赋予者来说是一种负担并想要赶快摆脱它，好像站在替代法律的这个位置是一个既烦恼又危险的事情。

因此危险并不来自于权力被滥用，而是来源于其自我贬低，这使得我不得不认为早期的最高行政官职位的使用过于轻率。当这种权力被轻率地运用于选举、祭祀和纯形式主义的事务时，就使其陷入在必要时缺乏令人敬畏的能量的危险，而且会使人们习惯性地认为仅仅在这种空洞仪式场合下使用的头衔是一种空头衔。

在共和国末期，罗马人变得更加谨慎，其对于独裁制的不合理的节制程度就如其早期的挥霍程度一般。不难看出他们的担心没有任何根据，首都力量的薄弱成为其对抗夹在中间的行政官的安全力量；一个独裁者在某些情况下可能会保卫公众的自由，但是却永远不能威胁到公众的自由；罗马的锁链并不是在罗马本身，而是在它的军队里。马里乌斯对苏拉，庞培对恺撒最后都无力抵抗，这就清晰地表明内部权威对抗外部力量时人们所期待的结果。

---

① 提名是在夜里偷偷进行的，就好像另一个人凌驾于法律之上是一件很羞耻的事情似的。

这些误解使得罗马人犯了一个大错误，就如在喀提林事件中没有挑选出一个独裁者。因为这件事只涉及城市内部，顶多涉及意大利的某几个省，只要法律赋予了独裁者无限的权威就很快会将阴谋粉碎。事实上，这项阴谋的粉碎是由于几个幸运的机遇结合而产生的，而这种幸运是我们人类的谨慎无权期盼的。

相反，元老院满足于将其所有的权力交给执政官，以至于西塞罗为了采取有效的行动不得不被迫在一个重大的问题上超越了其权限；如果在第一次传递快乐的过程中他的行动得到了批准，后来他也仅仅是被传唤过去对公民违反法律的流血事件负责。这样的指责永远不能应用于独裁者的身上。但是执政官的雄辩占了上风，虽然他本人也是罗马人，但是他对荣誉的热衷胜过于热爱祖国，因此他并不是尽力去寻找最合法且安全的手段来拯救国家，而是千方百计地将做这些事的所有荣誉都加于自身。[①] 所以他被称赞为罗马的解放者是公正的，而他作为法律的破坏者而被惩罚也是合理的。然而不论他的回忆有多么光彩，这无疑是一种宽恕行为。

但是重要的一点是，授予这种重要信任的权限，其应当限于一个短暂的时期而不能延长。在需要其应用的危急关头，国家要么很快就被毁灭，要么很快就被拯救；因此当这一时刻一旦不被需要，独裁者要么就变为暴君，要么就变为无所事事的人。在罗马独裁者只能担任六个月，大多数人都是在任期未满之前就卸任了。如果期限过长的话，他们也许还会尝试延长自己的任期，就像任期一年的罗马十人会议。独裁者所拥有的时间仅仅是出于需要选举他来应付危急时刻，他不能借此来考虑更长远的事情。

---

① 能否提名成为一个独裁者，他也并不是十分有把握；因为它不敢自己提名自己，同时他也不敢肯定他的同僚一定会提名他。

第七章
论监察官制

正如公意是通过法律来表达的，公众的判决则是通过监察官制度来体现的；公众的观点是法律的一种形式，而监察官只是这种法律的执行者，就像国王一样，其只应用于具体的案例中。

因此监察官的特别法庭远远不是公众观点的裁决者，它只是对其进行了表达，一旦它与公众的意见分道扬镳，那么它的决定就是没有法律效力的。

将一个民族的道德标准和所尊重的对象进行区分是没有意义的，因为这两者都是建立在统一原则的基础上，几乎难以区分。在世上决定人们喜好的因素出于意见判断而多于人的天性。所以正确引导人们的意见判断，他们的道德标准自然而然就会得到净化。人们总是喜欢美好的或者他们所发现的美好的事物，但是对于判断的标准却总是错误的。因此这种判断必须加以调整。判断道德标准的人要懂得怎样来判断荣誉，而判断荣誉就需要他在公众意见中找到奉为圭臬的元素。

一个民族的观点往往来源于其体制，尽管法律并不能调整道德，但是立法却可以给予道德生命。当立法权力被削弱时，道德就会走向堕落，这时监察官的判决也不能起到法律所不能达到的作用。

由此可见，监察官在维护道德标准方面是有重要作用的，但是他无力恢复道德。在法律的力量最为凸显的时候可以设立监察官，一旦法律失去了其活力，那么一切希望就归于破灭；当法律失去了其力量，那么一切合法的因素也都不再保有其力量了。

监察官维护道德标准的方式是阻止大众观点的堕落化，以明智的方式来保证人们品行的端正，甚至有时在情况尚未明朗时就对其进行修正。决斗时雇佣副手，这一做法在法兰西王国时得到了极致的推崇，但却仅仅因为国王一道简短告示"至于那些怯懦到需要召集副手的人"就被废除了。这道告示先于公众的判断就突然作出了决定。但是当同一根源的法律试图宣布决斗也是一种懦弱的行为的时候，虽然其本身确实是，但是由于公众的观点并不认可它，所以在其业已形成的观点的基础上对这一决定并不在意。

我曾经在其他地方宣称①：公众的意见是不能屈服于任何强制力的，所以在已经建立起来的代表监察官的特别法庭中就不应该有任何强制性的痕迹。我们没有必要过多地赞誉这种应用于罗马并更好地运行于拉西第蒙人之中但现代几乎已经完全失传的使用技巧。

一个品性败坏的人在斯巴达的议会中提出了一个好的提议，监察官却对此不屑一顾，并让一个品行良好的公民提出相同的内容。这对后者是多么大的荣耀，而对于前者却是极大的侮辱，尽管对于二者都不曾表现出赞美或谴责。来自萨摩岛②的几个醉汉弄脏了监察官特别法庭，第二天就对公众发布公告允许萨摩岛的居民随意进行下流的行为。这种不受惩罚要比真正的惩罚更严厉。斯巴达人会指名道姓地宣布一个人的行为是否正确，而希腊人在他们判断的基础上并不呼吁这么做。

---

① 在本章我只想让人关注一个主题，一个我在写给达朗贝先生的信中详细讨论过的内容。

② 他们来自另一个岛，而我们的语言异常精妙，使我不能说出这个地方的名字。

第八章
论公民宗教

人类最初是没有国王只信仰上帝的，没有政府观念而只服从于神权。他们像卡里古拉一样去合乎逻辑地推理，在那个时代，这样的做法是正确的。经过很长时间人们才觉得有必要改变其想法，选出一个人来作为其主人并希望能够从中获益。

从每一个政治社会都会供奉一个神的事实可以看出，有多少神就有多少民族。两个相互陌生并且长期敌对的民族是不可能信奉一个主人的，两支相互攻讦的军队也不可能服从于同一个首领。因此，民族的区分产生了多神论，这反过来又引起了神学和公民社会的相互排斥，这些相互不能容忍的现象本质上是相同的，我们在后文中将会看到。

希腊人在野蛮民族中再次发现了他们对于神的想象，这是由于他们把自己看作是那些野蛮人天然的主人。但是在我们这个时代，将不同民族的神相辨别和混淆却被认为是博学的。就像莫洛克、萨土林和克洛诺是同一个神！就像腓尼基人的巴尔，希腊人的宙斯和拉丁人的朱庇特是同一个神！仿佛在这些想象中的形象里，虽然名字不同，但仍有许多共同之处！

如果有人问我，在每一个国家都有自己的崇拜狂热和神明形象的异教徒时代，为什么没有宗教战争呢？我的答案是，正是由于每个国家都有自己的信仰和政府，它们并不会将神与法律进行区分。政治战争也就是宗教战争，可以说神所能达到的影响范围与民族的边界是相重合的。一个民族的神无权去超越另一个民族的神。异教徒的神灵之间并不是相互嫉妒的，它们相互之间对世界帝国进行了划分，甚至摩西和希伯来人有时会谈论到以色列的神来论及他们对于此事的观点。确实，他们认为迦南人的神是无力的，被宣判的迦南人是注定要被灭亡的，而迦南人的土地则需要被他们所占有；但是请记住他们是怎样谈论他们不去攻打的邻国的分裂的："耶弗他对亚扪人说道，一切属于你们的基抹神所拥有的，难道不应该合法地为你们所有吗？我们也拥有同样的权利占有我们的神所征服的土地。"① 因此这里我认为所能达成的共识是，基抹神与以色列众神的权利在本质上是一致的。

但是当先臣服于巴比伦国王，随后又臣服于叙利亚国王的犹太人仍然固执地拒绝承认除了犹太神之外的一切神灵，这种抗拒的态度被视为对他们征服者的一种反叛，以至于招致其历史上所记载的在基督教出现之前从未出现过类似情况的种种迫害。②

由于每一种宗教都依附于这一宗教国家的法律，因此除了将人民征服之外没有其他办法使其皈依，同时只有传教士才是征服者。改变宗教信仰是被征服者必须服从的法律义务，因此在谈到信仰改变之前，有必要先征服信仰宗教的人。目前看来并不是人类为了神而战斗，却恰恰如荷马所说，是神为了人类而在战斗；作战的双方都向自己的神祈求胜利，并许之以新的圣坛作为回报。罗马人在攻占一个城市之前，会命令当地人放弃他们的旧神，而他

---

① Nonne ea quæ possidet Chamos deus tuus, tibi jure debentur?（《士师记》第二章第二十四节）这是一段拉丁文字。卡里莱斯神父将其翻译为："对于你的神所拥有的财物，难道你不认为自己同样有权拥有吗？"我不知道希伯来文的原文是如何强调的，但我看得出在拉丁文内容里，以色列神父显然意识到了基抹神的权利，而法文的译者却弱化了这一点，加入了拉丁文中不曾出现的"难道你不认为"几个字。

② 很显然，那场被称之为神圣战争的福西斯人战争，其并不是一场宗教战争，因为它的目的是惩罚那些亵渎神灵的人，而并不是征服不信教人士。

们允许塔伦土姆人维持他们愤怒的神，是因为他们认为其已经效忠于自己并已经强迫其顺服。罗马人把自己的神留给被征服者就如同他们将自己的法律留给被征服者一般，他们所强征的唯一贡品就是为主神朱庇特献上桂冠。

最后，罗马人沿着他们的帝国轨迹，传播了自己的宗教信仰和自己的神，同时他们还经常吸收被征服者的宗教信仰和神祇，并对两者馈赠以城邦的权利，于是这个庞大的帝国的人民在不知不觉间就拥有了许多神和信仰，并且几乎每处都一样，这就是异教在已知世界为何最终会被同化的原因。

正是在这种环境下，耶稣来到世间并且创建了一个精神王国，将神学体系与政治体系相分离，使国家不再是一个统一的整体，并为其内部的基督教人民带来了永无止境的分裂与动荡。由于关于另一个世界王国的新观念从未被异教徒所接受，所以他们一直认为基督教徒是真正的反叛者，认为他们是假装服从，是借此等待时机寻求独立使其成为自己的主人，并且篡夺他们假装表现软弱并示之以尊重的权威。这就是基督教徒被迫害的原因。

异教徒所恐惧的事还是发生了，一切现象都发生了改变：谦卑的基督教徒改变了他们的语言，然后这个所谓的另一个世界的王国在一个耀眼领袖的领导下，变为了这个世界上最为暴力的专制统治。

然而由于只能存在一个君主和一部公民法律，在这种权力和司法权的双重冲击下，使得所有良好的政体都不可能在基督教国家得以实现，这也使得人们一直困惑于究竟是服从于统治者还是神父。

许多欧洲或是它的近邻的国家的人民都曾想要保护或者恢复他们旧有的体系，但是都没有成功，基督教的精神在各处流行开来。神圣的宗教崇拜一直都是或者说又重新独立于国家主权，并且和国家政治体制之间已经没有任何必要的连接。穆罕默德有非常明智的观点并且将他的政治体系进行了很好的连接，只要他的政府形式在他的继任者哈里发的统治之下，政府始终是保持单一的，并且会是目前为止最好的。但是当逐渐变得富裕了、有学识了、文明了、懈怠了的阿拉伯人被野蛮人所征服，这时两种力量的分裂又开始出现，尽管在伊斯兰教徒之间并不比基督教徒之间那样明显，但是这种分裂一直存在着，尤其是阿里教派和类似波斯那样的国家，人们一直都会感受到这种分裂的存在。

在我们当中，英国国王就像沙皇一样使其变为教会的首领，但是拥有这一头衔使他们与其说是变为了主人倒不如说是变为了大臣，他们所获得的并不是改变教会的权力而是维护它的力量；他们并不是教会的立法者，而仅仅是它的国王。无论教士在哪里形成一个自己的共同体，[①] 他们就是自己机构中的主人和立法者。因此在英国和俄国也像在其他地方一样，有两种权力和两个主权者。

在所有的基督教作家当中，哲学家霍布斯是唯一看出这一体制的邪恶之处并且提出如何补救的人，他敢于提议联合鹰派的两个领袖，重新恢复政治统一，因为没有这一点，国家和政府就难以得到正确的构建。但是他也应该看到基督教的主导精神是与他所提出的体制不相容的，教士的利益总是高于国家的利益。在霍布斯的政治理论中，并不是其虚伪和可怕的部分使人们憎恨于它，反倒恰恰是其合理真实的部分。[②]

我相信如果历史研究按照这个观点发展下去，很容易就可以驳斥贝尔和华伯登两者相对立的观点，其一方认为宗教对于政体是没有任何用处的，而

---

① 值得注意的是，神职人员缔结同盟并不是在正式的集会中，而是在教会的领取圣餐的交流会上。领取圣餐和被驱逐出教会就是神职人员们的社会契约，在这份契约中，神职人员便永远是人民和国王的主人。所有领取圣餐的教士无论他们来自何方，此时都成为同胞。这一发明是政治艺术上的一项杰作；在异教徒那里不曾有类似的做法，所以他们无法形成一个宗教共同体。

② 举例来说，在格劳秀斯1643年4月11日给他弟弟的一封信中就可以看出这位学者是怎样对《公民论》进行批判的。确实格劳秀斯拥有宽广的胸怀，他以善度恶，似乎原谅了作者，但是并非所有人都拥有这般宽广的胸怀。

另一方恰恰相反坚持认为基督教是政体最强有力的支持。对于前者我们应该从没有任何国家的建立不是以宗教作为基础的角度进行论证，而对于后者，基督教的法律归根结底对于健全的国家体制是有害无益的。为了使我的观点更加清晰，只需要对那些与我主题相关的含混不清的宗教观点进行简单的精确化说明即可。

宗教，无论是从与普通社会相关或是与特殊社会相关的角度考虑，都可以分成两个类别，即人的宗教和公民的宗教。对于前者，其不需要庙宇、祭坛和仪式典礼，其所要求的内容仅仅限于对最高的上帝发自内心的狂热崇拜以及对不朽的道德义务的履行，这种宗教是纯洁而朴素的福音宗教，是真正的有神论，我们可以称之为自然的神圣的权利或法则。而后者是在单一国家中被编成法典的宗教，其赋予了自身上帝的形象，拥有自己特殊的守护者，有自己的教义信条、自己的仪式以及由法律所规定的外在崇拜模式；除了信奉这一宗教的民族，其他世界上的所有人都被视为异教徒，化外之人和野蛮人；人们对于这种宗教所能触及的义务和权利范围仅仅限于其祭坛。早期人类的所有宗教即是如此，我们可以将其定义为公民的或积极的神圣权利或法则。

还有更加特别的第三种宗教，这种宗教给予人们两种立法准则，两个统治者和两个国家，使人们承担两种相对立的责任，使人们不能同时对宗教保持信仰又享有公民权。喇嘛和日本人的宗教就是如此，罗马基督教也是如此，我们可以称这种宗教为神父的宗教，由此便产生了一种无法名之的混合的和反社会的行为准则。

从政治角度来看，这三种宗教都有它们的瑕疵。第三种宗教的缺点如此清晰，为了证明它如何如何而停下手头的工作，简直就是在浪费时间。一切破坏社会统一的东西都是不值一提的，所有使人们陷入自相矛盾的制度都是无价值的。

第二种宗教的长处在与其将对神的狂热和对法律的热爱结合在了一起，它使国家变为了人们膜拜的对象，教导他们效忠于国家就是效忠于自己的保护神。这是一种需要君主却不需要主教，需要行政官而不需要牧师的神权形式。为自己的祖国而死就意味着殉道，违反法律就意味着对神明不敬；让有罪之人服从公众的诅咒就是使其面对上帝愤怒的宣判。

另一方面它的坏处在于它是建立在谎言和错误的基础之上的，它要愚弄人们，使大众变得轻信和迷信，把对神明真正的崇拜沉浸在空洞的仪式当中。当它变得暴虐和专横，使大众变得残忍和排除异己时就变得更为糟糕了，人们会热衷于硝烟和屠杀，把杀戮不信仰自己的神灵的人视为一种神圣的行为。其结果是致这样一个国家的人民处于与其他民族天然的对战状态，并使其面临着灭亡的危险。

于是剩下的就只有人类的宗教或者基督教了，不过不是今天的基督教，而是与今天完全不同的福音基督教。依靠这种神圣的、庄严的和真实的宗教，作为同一上帝子女的人们才会将他人视作兄弟，把他们结合在一起的社会才会至死也不会解体。

不过这种宗教和政体并没有特别的联系，因此它只能让法律依靠其自身的内在力量而不能对其赋予其他外在的附加，因此联合社会最伟大的纽带之一被认为在运行的过程中各行其是没有发挥其作用。更有甚者，它使公民的内心像远离世间一切事物一般远离国家。我认为没有什么会比这更加违背社会精神了。

我们被告知一个真正的基督教民族可以构建人们所能想象的最完美的社会。在这一假设中我认为最大的缺陷在于，真正由基督教组成的社会并不是人类的社会。

甚至可以说，这一社会尽管包含各种最完美的因素，但它不会是最强大的，也不会是最长久的。事实是它的完美会破坏它联合的纽带，其致命的缺陷就在于它过于完美。

每一个人都恪尽职守，人们都遵循法律，统治者是公正并有所节制的；政官员是正直并清廉的，士兵们都不惧死亡，社会摒弃虚荣浮华和奢靡之风。目前为止这一切都很好，但让我们来聆听更多的东西吧。

基督教是一种完全的精神类宗教，它只专注于天堂上的事物；基督教徒的国家并不在这个世界上。确实他履行了自己的义务，但是却对结果的好坏漠不关心。只要他能证明自己的行为是无可指责的，那么这世界上一切事物的好坏都与他无关。即使国家繁荣，他也几乎不敢和大众一起分享幸福，因为害怕增加对于祖国荣耀的自豪感；如果国家日渐衰落，他会祝福压在人民身上的那双上帝之手。

为了使国家保持和谐安宁，所有公民无一例外都必须是良善的基督教徒；如果不幸当中出现一个自我利益寻求者或是一个伪君子，如喀提林或是克伦威尔一般的人物，他肯定会比他虔诚的同胞们获得更多的好处。基督教的慈爱不允许人们对他的邻人怀有坏想法。一旦让一个满腹诡计的人发现了欺骗他人的技巧并且掌握了部分公共权力时，你就会看到一个有尊严的人，而且他所受到的尊重是来自于上帝的意志；你会看到一个有权力的人，服从于他也是上帝的意志；如果这一权力的支配者滥用所拥有的力量呢？那么就是上帝惩罚其子民的灾难。对于驱逐篡权者人们是有些顾虑的，它会破坏大众生活的平静，暴力将会兴起，鲜血四溅；这一切都是不符合基督教徒的温顺性格的；毕竟，在这个充满苦难的世间，我们是自由人还是奴隶又有什么关系呢？最重要的事是要上天堂，而听天由命不过是达到这一目的的另一种手段罢了。

假如爆发了对外战争，公民们都会毫不迟疑地奔赴战场，谁也不会临阵逃脱；他们每个人都会恪尽职守，但是却对胜利缺乏热情；对于如何死亡，他们比如何征服了解得更为透彻。到底是胜利者还是失败者又有什么关系吗？他们应该面对什么难道上天不是比他们更加清楚吗？只要想一想，一个骄傲、鲁莽和充满激情的敌人会从禁欲主义中得到什么！让他们去对抗那些对祖国的荣誉充满热爱的民族，想象一下你们的基督教共和国与斯巴达或者罗马面对面作战，也许虔诚的基督教徒还没有弄清他们在哪里就被打败、碾碎和摧毁了，或者将他们的安全仅仅寄托在他们的敌人怀有对其轻蔑的想法上。我认为法比乌斯的士兵们获得了一个良好的誓言，他们宣誓并遵守了不要去寻求征服或死亡，而是要像胜利者那样归来的誓言。基督教徒从来不会发出这样的誓言，因为他们会将其视为一种对上帝的试探。

其实我说基督教共和国这是一个错误的概念，因为这两个术语是相互排斥的。基督教只宣扬奴役与屈服。它的精神太有利于暴政，以至于专制制度总能从中得到好处。真正的基督教徒生来就是奴隶，这一点他们早有自知之明但却毫不在意，在他们眼中，这短暂的生命实在微不足道。

有人和我说基督教的军队是十分优秀的。对此我持否定的态度。给我一个例子吧！就我来讲我并不知道什么基督教的军队。人们会告诉我十字军。对十字军英勇的精神我没有不同的见解，但我的回答是他们不是基督教徒，他们是牧师的士兵，教会的公民。他们为了自己的精神国家而战，只是这一精神教派不知为何就以某种方式变成世俗世界了。更准确地说，他们代表的是异教徒，因为福音基督教从来没有建立过什么国家宗教，基督教绝不会进行什么圣战。

在异教徒皇帝的统治下，基督教的士兵都异常勇敢，每个基督教的作家都证实了这一点，而我也甘愿相信：不过这只是源于和异教徒军队进行荣誉上的竞争。只要皇帝成为基督教徒，那么这种竞争就不复存在了，当十字架将鹰赶走之后，罗马人的英勇气概就完全消失了。

但是，让我们把政治上的考量放置一旁，重新回到权利的问题上来，并且规制好关于这一重要议题的重重原则。我们可以看到，社会契约赋予主权者凌驾于臣民之上的权利并没有超越公共利益的界限。① 臣民只有在涉及社会群体的公共事物时才有必要向主权者进行报告。如今对社会共同体有莫大关系的是每个公民都应该有一个自己信奉的宗教。这会使他们热爱自己的职责，但是只有当它涉及的道德和义务与他人相统一时，这种宗教教义才会关心国家与它的成员。此外，每个人都可以抱有自己所偏向的观点而主权者无权对其审理，因为主权者没有权力管理另一个世界。所以，只要臣民今生是良好的公民即可，至于来世如何就与其无关了。

因而就有了一种纯粹的公民信仰的职业，而主权者在其中只需要修补各种条款，这些条款并非完全作为宗教教义，而是包含着没有它就无法令人成为好的公民或者有信仰的臣民的社会情感② 。虽然不能强迫所有人都去信仰这些条款，但是却可以将那些相信的人都驱逐出境，驱逐的理由不是因为其表现出的不恭敬，而是由于他是一个反社会的人，是一个不会真诚热爱法律与公正的人，是不会在必要时尽到自己的义务牺牲自己生命的人。如果任何一个人在公开表示承认了这些信条却又表现得好像并不信仰它一样，那就应该将这个人处以死亡的惩罚，因为他犯了所有罪名中最恶劣的一个——在法律面前撒了谎。

公民宗教的教义应该是简洁、语义表达准确、不加以任何解释和注释

---

① 德·阿让松侯爵说："在共和国里，只要每个人不做损害他人的事情，他就是绝对自由的。"这句话指出了一个不会改变的界限，谁也不能比这句话表达得更为明确了。尽管他并不为大众所熟知，但我并不否认在创作中总是喜欢引用他的观点，以表达对这个杰出的学者的敬意。他在担任大臣期间始终保持作为杰出公民的良知，并且为他的国家政府提出明智与正确的观点。

② 恺撒在为喀提林辩护时，曾试图确立人的灵魂终将灭亡的一种信条，卡塞和西塞罗对此大加驳斥，并且不浪费时间与恺撒在哲学上辩论。他们直接指明恺撒的做派像一个坏公民，而且他的观点会对国家产生不良的影响。确实这已经不是一个神学的问题了，而是应当由罗马元老院做出判决。

的。强大的、睿智的和普世的上帝是存在的，它会为我们提供远见和圣意，在来生，正义的人将会得到幸福，而邪恶的人会被施以惩罚，社会契约和法律都是神圣而不可侵犯的，积极的教义就是这些。而消极的教义就我总结只有一条，就是不宽容，而这一条早已成为我们所抛弃的宗教形式的一部分了。

我认为那些将公民的不宽容和神学的不宽容相区别的观点是不正确的。因为这两种形式是不可分的。想同那些我们认为应该被诅咒的人和平相处是不可能的，因为爱他们就等于憎恨那个对他们施以惩戒的上帝，我们应该旗帜鲜明地要么救赎他们要么惩戒他们。无论神学的不宽容在哪里为人们所承认，它必然具有某种对公民的影响力；[①]而一旦它具有了这种影响力，主权者哪怕是暂时都不能再成为一个主权者了；这时牧师就成为真正的主人，而国王仅仅成为他的大臣。

现在已经没有而且也不会再有那种排他性的民族宗教了，因此只要其教义并不包含与公民的义务相违背的内容，我们就应该宽容那些对其他宗教也

---

① 以婚姻为例，它是一项公民契约，其具有一种缺乏它社会便无法存续的效力。如果一个神职人员将宣布承认这一行为的权利独自享有，当然在任何不宽容的宗教里都会由本教会的神职人员把控这项权利，那么显然他就会利用这一方面建立教会的权威并打击君主的权威，甚至使君主究竟能够拥有多少臣民都要经过神职人员的同意。是否允许一个人结婚，要看他们平素接受的教义，他们承认或不承认什么准则，他们是否虔诚，他们是不是行事谨慎信仰坚定，多种因素考虑过后才会决定是否允许婚姻成立，在这种情况下，所有的遗产继承、官员选拔以及公民教育甚至国家本身都掌控在神职人员的手中。如果国家中都是这类坏蛋，那么国家是否还能够正常运营下去？但是有人会说这只是表面上权力的滥用，逮捕权和传唤权可暂时中止。然而只要一个神职人员稍微敏感一些，在这里我并不是指勇气，他就会不管其他人怎么说，按照自己的步伐走下去。他不在乎人们中止、停止甚至取消他的权力，因为其终究还是自己的主人。我觉得当神职人员能够确定他掌控一切的时候，那么他放弃一部分权力就已经是巨大的牺牲贡献了。

同样宽容的宗教。但是只要谁敢说"在教堂之外就得不到救赎"，他就应该被驱逐出国家，除非国家就是教堂，君主就是主教。这样的教义只有在神权政府中是有益的，而在其他情况下它都是具有毁灭性的。据说亨利四世信奉罗马的宗教是出于任何一位君主都可以加以解释的理由，即为了让所有诚实的人都远离它。

第九章
结　语

　　把政治权力的原理真正阐明并且努力使国家建立在此基础之上，我接下来本应该继续强调它的对外关系，包括国际法、商业、战争权力和对他国的征服、公共权利、联盟、谈判与缔约等一系列内容。但是这些内容已经超出我的探讨能力之外，是一个范围广泛的全新课题。我要将我的思考探讨限制在我的能力范围之内。

附　录

论政治经济学

　　"经济学"来源于希腊文"家"和"法律"两个词，它的原意本是指明智而合法地对整个家族进行管理并为家族谋福祉，后来它的含义延展到对国家这个大家庭进行管理。为了区分这个词的两种含义，就把后者称之为一般经济学或者政治经济学，而把前者称之为特殊经济学或者家庭经济学。在本文我们只讨论前者。

　　虽然许多作家分析说国家和家庭两者之间有许多相似之处，但是也不能得出结论说适合于这个团体的组织准则就适合于另一者。他们在范围方面相差悬殊，不能以同种方式进行管理；治家和治国两者存在着巨大的差异。就牵头者而言，家族的首领可以事必躬亲全盘观察，而对于后者，国家的首领要借助他人的耳目才能对事情有所了解。在这一点上要使两者处于平等的地位，家族首领的天赋、力量以及所有的本领都要与其家族的规模相匹配，而一个君主的精神力和普通人相比，也必须等同于其巨大的帝国与私人领土大小之比。

　　但是二者之间的基础大相径庭，国家的治理又怎么能像治理家庭一样呢？父亲的体格要强健于孩子，只要他的子女需要他的保护，他就应该义无反顾地提供支持，可以说父权权威的合理性是天性自然所赋予的。但是在一个大家庭里，它的所有成员都是天然平等的，政治权威就其制度来讲是完全专制的，所以只能建立在约定的基础上，因此官员只有依靠法律才能够对他人进行管理。父亲承担的义务是天性所赋予他的，天然的情感不允许他忽视这些义务。而统治者并不受这些法规的限制，他们只需要对自己对他人有所承诺，而人们也有权要求他们对所做的事负责。还有一个更加重要的区别就是，子女除了从父亲那里继承而来的财产外本身是一无所有的，很明显财产权是属于父亲的或由父亲分配而来的；但是在大家庭里情况却是相反的，日常的管理制度的建立只是为了保护个人财产的安全。在家庭里全家人所有的工作原则就是保护并使父亲的财产得到升值，以便能够将其分配给子女而使他们免于贫穷；然而国库的财富只是一种用来维护子民们和平与富足的手段，只是这种手段往往会被人所误解。总之一句话，小家庭注定会灭亡，总有一天会分化成几个性质相同的家庭；而大家庭的建立就是为了永世长存并保持本身的状态，它无需像小家庭那样，以繁衍和扩大家族作为目标，而只需要维持自身的存在即可，并且显而易见的是，扩大反而对其弊大于利。

很明显，在家庭里，出于天性等许多因素的考虑，应该由父亲发号施令。首先，父亲和母亲的权力不能平均分配，管理必须是单一的，在有分歧时必须由占优势的一方的意见占据主导。第二，虽然我们可以对女性异常的不便之处不屑一顾，但是毕竟她们有不便于活动的阶段，这就为把她们排除在最高权力之外提供了充足的理由，因为当平衡处于完美的状态时，只需要一根稻草便可使其向一方倾斜。除此之外，丈夫应该对妻子的行为进行监督，因为这一点对于其确定他必须承认和抚养的孩子一定是他的而非别人的是相当重要的。第三，子女必须服从于他们的父亲，这一点开始是由于生存所需，后面则是出于感恩之心，父亲满足了他们前半生的种种需要，后半生就应该竭力奉养父亲。第四，仆人要为他人服务来换取规定的报酬，不过一旦他们感到这种条款不再适合时，也可以终止约定。在这里我不谈奴隶

制，因为它是违反自然的，没有法律或正义的原则允许人去这么做。❶

在政治社会中不会出现以上所述情况，首领对人们个人的福祉没有任何天然的兴趣，反倒是常常从人们的痛苦中寻找自己的幸福。如果行政官是世袭的，那么这种人类集体往往是由一个孩子统治的。如果是选举制，那么就会在选举过程中出现无数的不便之处；两者都没有子承父业的好处。如果仅有一个统治者，你就要听从这个没有理由喜欢你的主人的指挥，如果你有好几个统治者，你就必须忍受他们各自的暴虐。总之一句话，在公众利益和法律都没有自然的力量并不断遭到统治者和社会成员个人利益以及野心的侵害时，恶习是不可避免的，而其所带来的后果也是致命的。

虽然一家之父以及一地的行政官首领在功能目标上具有一致性，但是其实现的路径却大不相同，他们的权利和义务也有本质的差别，所以如果我们将二者混为一谈的话，就会对社会基本的法律产生错误的观点，也会为人类社会带来许多致命的错误。事实上，如果天性的声音是一个父亲履行其职责时最好的依据，但是对于未受到崇高道德所约束的行政官来讲，它就是一个错误的导向，它将使行政官不断背离其职责，并在不久的将来使其自身和国家都走向灭亡。一家之父唯一需要警惕的就是谨防自身的堕落，避免自身染上恶习；然而也正是这些内容会腐化行政官。为了行为正确，前者只需要扪心自问，而后者若是只这么做就一定会沦为卖国贼。即使是他自己的理智都应该有所保留，除了公共的理智也即法律外，他不应遵循任何其他原则。因此天性会造就许多善于治家的父亲，但是值得怀疑的是，人类智慧是否从一开始就未曾造就几个善于治理人民的明智的国君。

通过上述内容我们可以看出，我所讨论的公共经济已经很明显地与私人经济相区分，国家与家庭，除了他们的领袖都有义务为他的臣民们谋取幸福

---

❶ 文中的部分言论有一定的历史局限性，请以批判的眼光去审视。——编者注

外，二者的组织原则没有任何共同之处。我觉得这短短的几句足以推翻罗伯特·菲尔默爵士在他的《家长制》一书中所构建的令人憎恨的体系；对于那本书已经有两个著名作家花费了大量篇幅进行了驳斥。不过，这个错误是由来已久的，亚里士多德在他的《政治篇》第一卷中就已经用大量论点对其进行了反驳。

这里我必须要求我的读者对公共经济（我称之为"政府"）与最高权威（我称之为"主权"）进行区分；两者的区别在于，后者拥有立法的权力，某些情况下可以制约国家本身，而前者只有执行的权力，只能对个人产生影响。

在此请让我按照自己的想法用一个非常普通，但在某些方面却又不是很恰当的比喻来解释我的想法。

单独看来，政体可以被看作和人体一样的有机生命体。主权力量代表头；法律和习俗代表大脑，即神经系统的根源以及理解力、感觉和意志的所在；而法官和行政官员是器官；商业、工业和农业是维持日常生计的嘴巴和胃；公共收入是血液，良好的经济体系会通过心脏的功能将血液与养分分配到身体的各个部分；公民是身体和四肢，它使身体能够生存、运转和工作。如果人处于健康状态的话，那么这台机器的任何部分受到伤害，疼痛的感觉都会传到脑部。

这两种机体的生命都是整体所共有的，身体的各个部分都是相互感知并且具有内在联系的。如果这种联系停止，那么这种形式的统一便消失了，各相邻的部分仅仅是并置在一起，此时，对于人就意味着死亡，而对于国家就意味着解体。

所以，政体也拥有道德意志，这种对于政体和每一部分的福祉幸福都全力维护的倾向就是法律的源泉，它为国家的成员展示了相互之间相处的法则，也展示了什么是正义什么是非正义。顺便说一句，这一观点也展现出某些作家的无聊，他们将斯巴达的小孩子利用精妙的手段而获得一顿简单的饭菜的行为当作偷盗，就好像所有法律所规定的事都是不合法的一样。

值得关注的是，这一准则虽然对于所有的公民都是正义的，佢是对于外国人来讲可能就是有缺陷的。原因很清楚，国家的意志虽然符合其本国成员的意愿，但是对他国以及他国成员来讲却并不符合，是在自然法的正义原则中的特别的和个别的意志。然而，这同样涉及这里所提出的原则；在这些情况下，当世界这个大城市变为了政体，它的公意就是自然法则，不同的国家和民族就是它其中单独的成员。从这些适用于每个政治社会和其成员的差别中，可以推导出最明确最普遍的判断一个政府是好是坏的准则，以及判断人类一般行为是否符合道德的准则。

每个政治社会都是由另外一些不同种类的小社会组成的，它们有各自的利益诉求以及组织原则，但是这些社会虽然有其自身的外在形式与公认的表现，却并不是国家中真正存在的仅有的社会，由共同利益联合在一起的个人也组成了或短暂或永恒的集体，它们并不因其浅显的外表而缺乏实际的影响力，仔细看来，它们其中错综复杂的关系反倒是影响公共道德和礼仪的重要因素。所有的这些有形或无形的集体，通过它们意志的影响，以各种各样的方式影响着公意。这些个别社会集体的意志通常有两种关系：对内部成员来讲，它是公意；对更大的社会集体来讲，它就是个别意志了；这种个别意志对于前者来讲是正确的，而对于后者就是错误的。一个人也许是虔诚的教士，一个勇敢的士兵或者是一个积极的参议员，但也可能是一个很坏的公民。一种特别的解决问题的思路也许是有利于小社会的，但是却不利于较大的社会。诚然，个别社会相较于它者总是从属于大社会的，所以公民的义务总是优先于参议员的义务，作为个体的人的义务总是优先于作为公民的义务；但是不幸的是个人利益往往和义务成反比，且团体越小，个人所涉及的利益越多，则对待协约的态度越缺乏敬畏心；不可否认的事实是：公意始终是最正确的，人们的声音实际上就是上帝的声音。

　　但是这并不能说明公众的判断总是正确的；当涉及外国人的时候他们的决策往往就是错误的了，理由我在前文中已经提及。所以一个共和国也许自身可以治理得很好，但是也很可能投入一场非正义战争。一个民主制的议会也可能通过不公正的法令给无辜的人定罪；但是这种情况也只是会在一些聪明人在个人利益的诱惑下，利用自己的信用以及良好的口才，将自身利益代替国家利益时才会发生；在这种情况下，公意是一回事，而公众判断的结果又是另一回事了。这与雅典的民主制度并不违背，因为雅典事实上并不是一个民主制国家，其只是一个由哲学家和雄辩家所管理的暴虐的贵族制国家。仔细观察下每次公众评议的情形，就可以看出公意总是以维护公共利益为目的的；但是在这其中也存在一些隐秘的分裂，一种不言而喻的结合，它为了自身特殊的利益而与大会的本质意向相背离。在这种情况下，整个社会被分割为许多小的个体，它们中的每个成员都有一套新的公意法则，这种公意判断对于新的个体来讲是良好而公正的，但是对于它们从中分化出来的大的社会来讲，却是恶劣而不公正的。

　　通过这些原则，我们就很容易解释许多人行为中明显的矛盾之处了，这些人在某些方面确实严谨而忠诚，但在其他方面却又表现得奸诈和下作，他们蔑视神圣的职责，甚至至死效忠于非法的信念。有时最堕落的人也会对公共信仰表现出敬意，就连那些与大社会道德为敌的盗贼，也会在他们隐秘的巢穴中向公众信仰的幻影致敬。

　　既然将公意看作是公共经济的第一原则以及政府的基本法则，我认为没有必要再去探讨究竟是行政官员属于人民还是人民属于行政官员的问题，也没有必要探讨在公共事务中是应该以国家利益为重，还是仅仅考虑统治者的利益。这个问题确实在理论上和实践中都已得到解决；而其要求那些事实上作为主人的人去考虑他人的利益，绝对是荒谬可笑的。所以将公共经济分为人民经济和暴君经济是不合适的。前者表现为在国家之中人民和统治者在利益与意志方面是一致的，而后者则存在于政府和人民利益不同、意志相反的国家里。在历史作品和马基雅维利的讽刺作品中，已经详细描绘了后者的准则。而对于前者的准则，我们只有到那些敢于大声疾呼人类权利的哲学家的作品中去寻找了。

合法的或者人民的政府，或者说以为人民谋幸福为目标的政府首要也是最重要的原则就是事事遵循公意，这一点我在前面已提及。但是要遵循公意，就需要对它有所了解，尤其开始就要从自身做起并将它与个人意志相区分；这种区分是很难做出的，只有最庄严的美德才能够为它提供充足的说明。因此要表达意志，就必须获得自由，这样就出现了一个并不小于前者的困难：如何既保护公众的自由又维护政府的权威。你就会发现，那些出于普遍需求的动机而紧密结合在大社会中的人们进一步利用文明社会而将自身更紧密结合的动机，仅仅是出于通过保护所有人来保护每个人的财产、生命和自由的需要。但是怎么做才能在保护一个人自由的过程中而不侵犯他人的自由呢？怎样才能不让那些不被迫献出自己私人财产的人受到损害又可以满足公众的需要呢？无论对某一方面进行怎样的诡辩，但是只要有任何压力施加于自我的意志之上，我就不会自由，只要有任何人能随意操控我的财产，那么我就不再是我财产的主人。这个看似好像不可逾越的困难已经像第一个困难一样，在面对人类制度中最崇高的内容时被解决了，或者说被一种教导人们要按照上帝所创制的不变的法则来行事的神圣的灵感所解决。通过怎样不可思议的手段才能够使人们既感到自由又服从统治；才能使人们不必通过强迫或者劝说就能让社会所有成员将自身的财产甚至是生命投入到国家服务中；才能够让人们说服自己来限制他们的意志；才能够人们改变拒绝的态度而同意做某事并且在他们违反自身意志时强迫他们惩罚自己？怎样才能做到人人都服从，但是却没有人发号施令，人人都服务，但是却没有指定的主人；怎样才能使人们表面上看起来受到统治但是实际上却享有充分的自由，无论是对自己或是他人都只是损失了有害的部分但是却未被剥夺自由？这些奇迹都是由法律所创造的。人们拥有正义和自由正是归功于法律。人与人之间在公民权利方面能够做到天然的平等正是得益于这个表达所有人意志的有力机构。正是这一神圣的声音指导每一个公民遵循公共理智，教导人们按照自我的判断来指导自身行为而避免自我矛盾。政治统治者在发号施令时只能通过这种声音进行表达，因为一旦有人将法律搁置一旁并宣布他人必须臣服于自己的私人意志时，那么他就远离了文明社会的状态，而使自身处于一种出于需要才会服从的纯自然状态中。

　　所以统治者最应关注也是最不可或缺的责任就是关注涉及其所有权力根基的处于其管理职责范围内的法律。同时，由于他享受着法律的所有利益，所以如果他要求其他人都遵循法律，那么他自身更应该去严格地遵守。因为他作为榜样具有重要的示范作用，即使人们愿意允许他脱离法律的管控，他也要谨慎地使用这一危险的特权，因为人们不久后可能就会反过来篡夺这一特权，并且反其道施加于他的身上。实际上，由于所有的社会契约本质上都具有双面性，所以任何人想要既享受法律的优越性又将其自身置于法律之上都是不可能的；一个人如果对他人不承担任何义务，那么他也妄想他人对其承担义务。所以一个管理良好的政府不会出于任何原因允许出现不遵守法律的特殊情况。对于那些为国家做出突出贡献的人应当授之予荣誉，但不应该赋予特权，因为当任何人都认为不遵守法律是一件无关紧要的事情的时候，那么这个共和国就处于覆灭的边缘了。如果贵族和军人也采用了这一准则，那么国家的一切都将陷入不可挽回的境地。

　　法律的力量与其说是来源于执法人员的严苛，不如说是来源于法律本身的智慧，而公意所表现出的巨大力量完全来自于指导公意的理性。所以柏拉图认为在每部法律前冠以表明该法律公正与功用的序言，是一种必要的预防手段。事实上，在面对法律时首要的原则就是要尊重法律，而严厉的惩罚只是一种无效的手段，其只是目光短浅的人妄图以恐怖来取得他们无法获取的尊重的一种方式。我们可以看到，刑罚越重的国家，滥施刑罚的情况也就越严重，所以严刑峻法只能表明犯罪的人数众多，同时，对所有罪行都施加以同等的惩罚，只会引诱那些自觉有罪的人去犯罪，以此来逃避对于他们的惩罚。

　　政府虽然不是法律的主人，但是它却是法律保证人，并且拥有无数方式激励人们热爱法律。统治者的才能就表现于此。尽管大权掌握在一个人的手中，但是却没有办法使所有人都战栗发抖，也没有办法保证赢得人心；经验早已经告诉人们，只要统治者不去做邪恶的事，那么人们就应该毫不保留地对他给予信任，只要统治者不憎恨他们，那么人们就应该尊重他。一个傻子如果获得了人们的臣服，那么他也可以像其他人一样惩罚戴罪之人，可是真正的政治家却知道怎么来防止人们犯罪，他所制定的令人尊重的规则重点关注人们的意志而非行为。如果他可以保证人们都能够品行端正，那么他也就不用再做什么了，而他千辛万苦完成的杰作也就可以置之不理了。至少可以肯定的是，一个统治者所拥有的最大天赋就是将自己的权力隐藏起来，使它不那么令人生厌，同时能够平和地领导国家，使它看起来仿佛并不需要什么领导人似的。

　　因此我认为立法者的第一要务就是使法律符合公意，公共经济的第一准则是管理的公正性要与法律相符。如果立法者能够处处按照他所需要的那样，按照当地的气候、土壤、习俗、邻国关系以及他为之建立联系的种种特有的关系来制定法律，那么国家就不会治理得很糟糕。这倒不是说仍有无数管理和经济方面的细节留给了明智的政府，而是在面对这些情形时可以遵循两条准确可靠的原则：第一条是法律的精神应该作为裁决每种不可预见的特殊情形的标准；另一条就是当法律失效时，应该向作为一切法律根源与补充的公意进行询问。但是现在可能会有人问我，当公意没有完全表达它本身的时候，我们应该怎样去了解呢？是否当每一种未预见的情形发生时就需要召开全体大会？当然不是，这样的大会应该尽可能地少开，因为它并不能保证在其中通过的决议就是对公意的表达；而且对于一个人口众多的国家来讲，这种方式也是不现实的；同时对于一个对人民心存善意的政府这种方式也是不必要的；因为统治者很清楚公意总是站在有利于公共利益的一边，也可以说是最公正的一边；所以只需要公正行事并确保遵循公意的要求即可。当公意过于公开地受到轻视，尽管面对公共机关令人敬畏的权威限制，但是它依然会被大家所感受到。我会引用一些在面对这些情形下应该遵循什么方式的最近似的案例。

在中国，皇帝对于他的官员所遵循的原则是，面对官员和平民之间的争论总是归罪于官员。如果某省粮价过高，则该省的官员就会被投进监狱。如果在某省发生了暴乱，那么该省的长官就要被革职，而对于发生危害部门的长官也要执行死刑。这并不是说这些事件在随后并不经过任何严谨的审判，只是长期的经验使得人们可以预见即将得到的判决就是这样。需要纠正的不公正的判决是很少见的，同时，皇帝深知民众的暴乱总是事出有因的，通过分析他所惩罚过的骚乱的声音，往往可以找到纠正人们不满的方法。

使共和国所有地方都保持和平和有秩序的状态是一件非常了不起的事情；使国家平静和谐，法律受到尊重也是一件非常了不起的事情；但是除此之外再无所建树，这一切都将是徒有虚表而毫无实际意义，因为政府如果仅仅一味地要求人民服从，那么就会发现它很难得到人民真心的服从。如果说对待一个人是根据其实际情况出发是一件非常美好的事情，那么让人成为社会所需要的人是一件更为美好的事情。绝对的权威是要深入人内心的最深处，不仅要关心人的行为，更要关心人的意志。长此以往人们都会变为政府想要他们变成的样子，如果政府愿意的话，人们会变为战士、公民和平民；或者政府仅仅想要人们变为平民百姓或是一群乌合之众，那么人们也会如政府所愿。因此每一个藐视自己臣民的国王，如果他承认不懂得怎样使他的臣民变为更值得尊敬的人，那么他就是在侮辱自己。所以，如果你想统帅他人，就要先成就他人；如果你想要他人遵守法律，就要让他们热爱法律，这样人们所需要知道的仅仅是这样做就是他们的责任。古时政府的统治艺术就在于此。在哲学家为人们制定法律的远古时期，他们行使权威只是为了使人们获得智慧和幸福，因此那时产生了许多限制奢侈的法律以及规范道德的章程和许多承认或摒弃的公共行为准则。即使暴君也没有忘记这一重要的管理部分，但是他们却像官员纠正其下属公民一样，极力堕化他们的奴隶的道德。但是我们现代的政府认为只要赚到钱就别无他求了，完全不去想有需要或者有可能将事情做得更进一步。

公共经济的第二条基本法则的重要性不亚于第一条。如果你想贯彻公意，那么就必须让所有的个人意志与公意相一致；换句话说，因为美德只不过就是代表这种个人意志与公意的一致性，所以应该确定美德的统治地位。

如果政治家们不被野心蒙蔽了双眼，他们就应该看到如果不遵守义务原则，那么就不可能按照组织成立的最初精神行事；他们将会感到对公共政权的最大支持就是公民内心的拥护，对于维持政府的统治，没有任何事物能够代替道德的作用。并非只有正直的人才知道如何管理法律，但是只有善良的人才知道如何遵守法律。人一旦突破了自我良心的谴责，就不再惧怕不那么严厉以及不那么持久和有可能逃脱的惩罚；无论做了怎样的预防，那些只求无罪判决以便利于自己为非作歹的人总会找到方法来逃避法律的制裁。在这种情形下，所有个人利益联合起来对抗不再代表任何个人利益的公共利益，则公众恶性对于法律的削弱影响就会大于法律对这些恶性的约束作用；所以不管政府如何明智，人民和他的统治者的腐败行为最后都会扩展到政府。最坏的一点就在于仅仅出于为了安全地破坏法律的目的而表面上服从于法律。

在这种情形下，最好的法律也会变为最坏的法律，而它不曾存在要比它的存在好千百倍。在这种情况下，即使颁布了一项又一项新的法令、出台了一部又一部新的规章也没有任何作用，因为在旧的弊病未纠正的情况下，新法令的出台只会加剧新弊端的产生。法律颁布得越多，越会遭到人们的轻视，而所有被新指派负责监督的官员都会成为破坏法律队伍中的一员，他们或者和他们的前辈一起分享掠夺所得，或者自己去谋取私利。对美德的赞誉不久后就会变为对掠夺的青睐，最卑鄙可耻的人将会变为最为可信的人；他们地位越是崇高则自身越可鄙；他们的丑陋就反映在其引以为傲的尊严之上，而原本名誉扫地的人却变为了最受尊重的人。如果他们暗中贿买领导人利用其巨大的影响力或者妇女的庇护，这只是因为他们会通过这些途径来出卖正义、自身的义务以及国家的利益；与此同时，人们不知他们不幸的第一缘由是他们的恶行，所以只好小声地抱怨道："我们所有的不幸都仅仅来源于我们付钱保护我们的人。"

正是在这种恶性循环下，要求人们忠于自身义务的声音不再能够打动人心，所以统治者只好用恐怖的叫嚣或者其后用于欺骗人们的表面利益来代替统治的手段。在这种情形下，他们被迫采取种种卑鄙的他们称之为国家规则或者内阁的秘密等手段来达到他们的目的。政府所有的精力都被它的成员放在了相互倾轧和彼此排比之中，而公共事务却无人问津或者仅仅在涉及个人利益时才会受到关注。简短来说，那些大的政治家的所有手段都是迷惑住他们需要的人，使这些人在为他们的利益服务时误以为是在为自己的利益而工作。我之所以说是他们的利益是基于这样一种虚构的假设：统治者真正的利益是使人们处于茫然无力的状态并臣服于自身的统治，使人们破产是为了更好地保证他们对于财产的占有。

但是如果所有公民都热爱自己的义务，公权力的监护者也能够真诚地通过自身表率与勤勉的行为培养这种热爱，那么所有的困难都会迎刃而解，而政府管理也会容易得多，将不会再需要那些暗箱操作的奸诈秘密手段。人们不再需要那些既令人感到恐惧又感到尊敬的灵魂人物以及那些将自身的荣耀与人民的痛苦相联系的伟大的大臣们，公共道德将会为天才的统治者提供他们所需要的一切良好统治因素；越是美德占主流的地方，越不需要天才的统治才能。即使对于野心抱负而言，它们最好的对象也是针对怎样更好地服务于自身义务而非篡夺权力；当人民确信他们的统治者是全心全意为大家的福祉服务时，他们的敬意就会使统治者明白巩固自身权力并非难事；无数的历史事例告诉我们，一个受人爱戴的统治者所展现出来的权威要比篡政者的暴行强千百倍。这并不是说政府要对行使自身权力的行为感到担忧，而是说应该在法律允许的范围内去行使。我们在历史中可以找到成百上千的或胆怯懦弱或野心勃勃的统治者，他们都是因为懈怠或者自大而被推翻了统治，但却没有一人因严格公正而遭人非议。但是我们绝不应该将疏忽与温和、宽容和软弱相混淆。一个人要想公正，就必须严格，当我们有权利和权力阻止但却放任邪恶发展时，我们就成为邪恶的一员。

只是告诫公民们要善良还是远远不够的，还必须教导人们怎么做到这一点。在这一方面，我们首先要做的就是加以示范，但是这并不是我们可以采取的唯一手段；爱国主义教育是最有效的方法，因为我已经说过，只要我们的个人意志与公意是相符的，只要我们自发的意愿与我们所热爱的人的意愿是相一致的，那么其所培养的人就是善良而有效的。但是当涉及全人类时，人类的情感就会逐渐消失或变得淡化，我们面对亚洲人所遭遇的灾难就无法像我们面对那些欧洲民族一样感同身受。有必要将我们的爱心与同情心限定在一定的范围之内以使得其活跃起来。因为这种情感只在那些我们必须一起生活的人之间起作用，所以我们应该将这种人道主义精神限定在我们的同胞范围之内，并因为我们习惯性地照顾他们以及对彼此间共同利益的相互联系，使这种人道主义精神焕发出全新的力量。一切最伟大的美德奇迹都源于爱国主义精神，这种将强烈的自尊自爱与所有美好的道德相结合的良善与活跃的情感，使它获得了无惧损害而成为一切激情中最崇高的情感。正是这种情感，创造了许多永恒的光彩夺目的英勇行为，也创造了许多在旧世界其自身的美德如今已成为人们口传相颂的寓言的伟大人物，而也正是这种情感，使得爱国主义思想受到人们的嘲讽。这并不令人感到奇怪，易动感情的人的那种心神荡漾的感觉在从未对其有过感受的人眼中是相当虚幻的；比对情妇的爱要深刻和生动千百倍的对国家的爱，在未经历过之前是无法深刻意识到的。在它所温暖的人的心灵中，在它所激励的所有行动中，感受这种伟大的情感是很容易的，但是一旦它脱离了对国家的爱，就不再是最纯洁的美德了。我们可以将苏格拉底与加图比较一下；一个是伟大的哲学家，而另一个顶多不过是一个公民。在苏格拉底时代，雅典已经毁灭，所以他只能将广阔的世界作为自己的祖国。加图却在内心深处始终关心着祖国，他仅仅为祖国而生，没有祖国便无法生存。苏格拉底的美德是最明智的人的美德，但是，和恺撒和庞培相比，加图好像普通人世界中的上帝。苏格拉底只教育出几个反对诡辩和为真理献身的学生，但是加图却保卫了他的国家，保卫了国家的自由与法律，并抵御了外界的征服者，直到他的国家不复存在他无从效力时，才离开人世。苏格拉底的学生可以说是那个时代道德最高尚的人，但是加图的追随者却可以称得上是那个时代最伟大的人之一。苏格拉底的美德是追求自身的幸福，而加图则是从全人类的幸福中去寻找自己的幸福。我们应该受到苏格拉底的教诲，但是更应该追随加图的脚步；只此一项就足以使我们决定谁是更优秀的，因为还从来没有一个民族的所有人都变为哲学家，但是要使一个民族的所有人都变得幸福却不是不可能的。

　　我们希望人人都具有高贵的品德吗？那么就让他们从热爱国家开始做起，但是如果国家对待他们也像对待外国人一样，如果国家所提供给他们的只是不得不提供的必需品，那么他们又怎么会去爱国呢？如果他们享受不到社会为个人提供的安全保障，要是他们的生命、自由和财产都任他人摆布，不能或者说不被允许得到法律的救助，那么他们的处境就会更加糟糕。在这种情况下，他们要承担文明社会中国家赋予的各项义务，却无法享受到国家所给予的甚至是最基本的天然的权利，也无法用他们自身的力量来保护自己，那么他们就会发现自身处于一种自由人所能处于最糟糕的环境，而这时国家一词的含义对于他们而言就仅仅代表着可憎与荒诞可笑了。决不能认为一个人可以伤害或是失去一条胳膊，但是痛感却不会传达到头部，正如我们不相信一个神志清醒的人会挖出自己的眼珠一样，我们也绝不相信公意会同意国家的任何一员（无论他是谁）去伤害或消灭另一个人。个人的安全和公共组织是紧密联系在一起的，以至于无论人们处于怎样的劣势，但是只要有一个本可以救济的人而死去，或者将一个无罪的人投入监狱，或者对一个案子做出了明显不公正的判决，则这一组织就可以说是瓦解了。因为基本的契约已经被破坏，人们就无法想象还有什么权利或者利益能够使人们继续维持在社会联盟中；除非受到暴力的限制，但是仅仅依靠暴力只会造成文明社会的瓦解。

事实上，像对社会所有成员提供安全保证一样，对社会中的其他少数成员也提供一样的保证，难道不是国家所应承担的必要职责吗？一个人的福利难道不应该像国家的公共福利一样，得到大家的普遍关心吗？有人说个人为整个社会做出牺牲是伟大的。如果说这句话的人出自一个富有道德、自愿为国家牺牲自己的爱国者之口，那么我会由衷地赞扬他；但是如果我们将这句话理解为政府有权制定法律牺牲个人利益来为社会绝大多数人谋取福利，那么我会将其视为暴君制定的最可憎的准则之一，是国家发展过程中最大的谎言，对其容忍会带来不可预见的危险结果，其是完全与社会的基本法相违背的。一个人为大家而牺牲的情形是很罕见的，所以所有人都应该以其生命和财富作为担保来保护个人，以使个人的孱弱得到公共力量的保护，所有的成员得到国家的保护。假如我们将个人从所有人中一个一个地抽离开来，然后让提出这一准则的人更加准确地解释一下他口中所谓的国家体制指的是什么，我们就会发现这一整体会缩减为一小部分人，这些人并不是普通的人民，而是人民的官员，他们发誓要为了守护人民的福祉而牺牲，因此人民也应该为了他们的福利而牺牲自己。

我们需要寻找一些例子来证明国家要保护它的成员，尊重社会每个个体吗？那么只能在最优秀和英勇的民族中才能寻找到；只有现实中自由的人才能感受到尊严为何物。我们都知道，在斯巴达共和国，当涉及有罪公民的惩罚问题时，整个国家都会陷入混乱与困惑。

在马其顿共和国，涉及个人的生命的事情是相当重要的话题，以至于亚历山大大帝在其最光辉荣耀的时期，除非有罪的马其顿人在所有的同胞面前为自己辩护并且所有人都对他一致谴责，否则亚历山大大帝也不敢轻易处死这个犯了罪的马其顿人。但是罗马人区别于其他民族是因为它对每个个人都赋予尊重，并且认真地注意去维护所有国家成员不可侵犯的权利。再没有什么事情是比公民的生命更加神圣的了，要判决一个人罪行要通过全体公民大会才可以，即使是元老院或者执政官在他们无比神圣的王权之中，也不曾拥有这项权利。但是对一个有罪的公民进行惩罚却可以看作是世界上最强大民族的一次公共灾难。看起来无论谁犯了什么罪来判处死刑都是一件困难的事，所以根据波尔夏法案，对所有失去这伟大国家庇护却愿意活下去的罪犯，都将其改判为流放。在罗马国内和罗马的军队中，到处都弥漫着同胞之间彼此的友爱以及对罗马这一称谓的尊重，这些培养了每个人去承担它的勇气和美德。一个解除了奴隶身份所佩戴的公民礼帽，以及一个曾经拯救过他人生命的公民所获得的桂冠，会被视为他们所取得的伟大成就；值得注意的是，在为纪念战争中的壮举而授予的王冠中，只有取得伟大胜利的人才会被授予桂冠，而其他王冠都是由金子制成的。罗马之所以富有德行并称霸世界，就是源于此理。野心勃勃的统治者啊！牧羊人虽能统领他的牧羊犬和牛羊群，但是他也仅仅是一个普通人。如果说发号施令是一件美好的事情的话，那也仅仅是在听令于我们的人真正尊重我们的情况下。因此尊重你的同胞，你自己也就更值得人尊重，尊重人们的自由，你自己的权威也会与日俱增。永远不要逾越你的权力，那么你的权力反而会无限扩大。

让我们的国家成为所有公民们共同的母亲；让所有的公民能够在他们的国家中享受到种种好处从而发自内心地热爱国家；政府要让公民们充分地参与到公共事务的管理中，使他们感觉到自己就是国家的主人；让法律在所有公民看来就是他们自由的保障。这些美好的权利是属于全体公民的；可是心怀诡计的统治者虽不会直接去攻击这些权利，但是却会玩弄种种手段使它们流于表面。法律一旦被统治者这般滥用，马上就会成为强者进攻的武器，同时也会成为他们抵抗弱者的盾牌；他们往往会以公众福祉的借口给人们带来极大的灾难。对于政府来讲，最需要也许也是最困难的就是坚定严格地对所有人待以公正，尤其是在保护穷人避免富人的压迫方面。当国家出现了需要保护的穷人以及需要限制的富人时，那么就意味着出现了极大的危机。这时法律的力量就只能施与中产阶级，其已无力解决富人占有过多的财富与资源和穷人过于贫乏的问题。前者会利用自身优势使法律变成一个笑话，而后者只想从法律的管辖中逃离。他们一方会破坏法网，一方却只会想着避免法网。

因此政府最重要的功能之一就是防止财富分配的极端不平等；这并不是说要从财富拥有者手中将财富夺走，而是要利用种种手段防止富人剥夺聚集财富；并不是说要给穷人建立救济院，而是要确保所有公民都免于贫困。在一个区域里，当地居民人口分配的极度不平均，有的地方人口密度大相互拥挤，有的地方却人口稀疏；供大人物和富人享乐的技艺得到提倡而对人们有用的付出辛劳的工艺却遭到忽视；为了发展商业而牺牲农业；因国家财税体系管理不善而必须使用税务包收入；简短来讲，腐败趋利已经到了如此极端的情况，以至于一个人是否受到尊重是看他财富如何，而道德也可以明码标价，这些现象正是造成有些人富可敌国而有些人一贫如洗的显著因素，个人利益会处于公共利益之上，公民之间会变得彼此仇恨，大众对公共事务漠不关心，人民变得日趋堕落，政府部门的风气日渐败坏，这些现象也都是因为前面所说的原因造成的。如果这些邪恶的现象已经出现，那么想要对其进行根治就很困难了，所以良好的管理一定要维持良好的道德，尊重法律、教导爱国主义以及尊重公意。

但是除非统治者更加深入地探寻问题的根源，否则仅有这些预防措施还是远远不够的，虽然我应该从这一部分开始，但是公共经济我会在这里进行总结。如果没有自由，也就不会有爱国主义，没有道德也就无所谓自由，没有公民就不会有道德；培养公民，你就会拥有你所需要的一切；如果没有公民，那么自国家统治者之下除了奴隶你将一无所有。但是培养公民并非一日之功，为了将他们培养成人，要从儿童时期就开始对他们进行教育。也许有人会说，谁想统治他人，就不应该超越天性去寻找不可能达到的完美，不应该希望去摧毁人们的热情，那样一个执行几乎不仅是不可能的，也是不被大家所认可的。我完全同意这种说法，一个没有热情的人一定是坏公民；但是也要知道，如果不去教人们不去热爱某些东西，那么要教他们热爱某物而不爱另一物，热爱真正美好的事物而摒弃残缺的事物，这是不可能做到的。举例来讲，如果及早让他们从国家整体的角度来认识个人的存在，让他们认识到自我的存在仅仅是国家的一部分，他们就会在某种程度上将自身与国家视为整体，感受到自身是这个国家的一个成员，并且以一种孤独的个体只对他自己才具有的微妙情感来热爱国家；他们展现出昂扬的精神向着伟大的目标不断前行，并将那些能够产生种种罪恶的品行转变为高尚的道德。不仅哲学上证明将情感转向这些新的方向是可能的，历史上无数的实例也给予了我们强有力的证明。如果说现代缺少这些例子，那是因为很少有人愿意耗费自身精力去思考合格的公民是否存在着，更别提要注意对他们进行培养的问题了。当狭隘的自我主义已经潜移默化地被承认并且发生作用的时候，要想改变这种想法就已经为时已晚了，这种思想会使我们局限在自我之中，会使我们摒弃道德并以自我为中心，并且热衷于参加这类可憎的活动。我们过分地关注其他的欲望，那么爱国主义思想又怎会萌芽呢？我们过于关注贪婪美色和虚荣，又哪还有心思去关注其他同胞呢？

从生命的最开始，我们就应该学习如何生活；同时，由于我们一出生便已经获得了公民权利，所以我们更应该从那时起就培养自身如何行使自身义务，如果有针对成年人而制定的法律，那么就更应该有针对未成年人的法律，教会他们如何服从。正如每个人不应让理性成为他履行义务的唯一仲裁者，政府也不应放任仅由父亲的智慧和偏见来教育儿童，因为儿童教育对于国家来讲要比对父亲更为重要：按照自然的进程，一旦父亲死去，他就看不到教育的最终成果了，但是他的国家却迟早会受到这一教育的影响。家庭会消失，但是国家却是永存的。

既然政府接替了父亲的义务，担负起其重要的职责，那么它也应该随之取得相应的权利，在这一点上父亲没有什么可抱怨的，因为他不过是改变了自己的名义，他以公民的名义管教孩子的权威与其以父亲的名义并无二致，在法律的名义下孩子的服从性并不比天性差。因此，在政府颁布的规章的指导下以及在主权范围内任命的行政官员的管理下，公共教育是人民的或合法的政府基本任务之一。如果儿童都在平等的环境中得到成长，受到国家法律与公意原则的熏陶；如果他们被教育要尊重所有的这些事物；如果他们身边围绕着无数实例以及不断地向他们展示无以为报的母亲的抚养之恩以及教育他们应该如何回报母爱，我们毫不怀疑在这种情况下，孩子们会学着像兄弟一样相互珍爱彼此，不会做与社会意志相违背的事情，他们会像成人和公民一样行事，从而代替像诡辩家们一样含混不清无所收益的空洞行为，这样，他们一定会成为在很长时期里充当其孩子角色的国家的保卫者和建设者。

　　教育是国家的重要任务，关于主管这项工作的官员我不准备多说什么。很容易看出，如果这项以充满公众信任为标志的工作被轻率地由一些不称职的人来承担，如果这一庄严的事业不能作为一种奖赏去赋予那些在其他领域已取得巨大成就的人来承担并且在其年老时能够为其带来荣誉与愉悦，那么整个事业就是无用的，而教育也不会取得成功。因为如果教育没有权威的支持，没有实例做表率，那么所有的教诲都是无意义的；从那些不行善举的人嘴中说出的道德，其本身已经失去了令人信服的力量。但是让那些头戴桂冠令人尊重的战士向我们展示勇气；让那些白发苍苍从业多年的行政官教导我们公正，这样的"教师"一定能够教育出品德高尚的继承者，能够把统治的经验和才能、公民的勇气和美德以及以身许国的精神传递给下一代。

　　据我所知，曾经践行过公共教育制度的民族只有三个，分别是克里特人、拉西地蒙人以及古波斯人；他们都获得了很大的成就，特别是后两个民族取得了相当瞩目的成就。但是自从世界分裂出许多过大的难以管理的民族之后，这一制度就无法实施了，此外读者还会发现现代民族不愿意尝试这一制度的其他原因。值得注意的是，罗马人不曾实施过公共教育，但是却创造了五百年不曾复制出的奇迹。罗马人的道德观源于他们对于暴政统治以及暴君罪恶的深恶痛绝以及其天然的爱国主义情怀，这种道德观使得每个家庭都变为培养公民的学校；而另一方面，父亲对于孩子没有限制的权威使得孩子们对父亲的恐惧超过了对行政官，父亲在家庭中既是法律的审判者又是法律的执行者。

　　因此，一个谨慎并且处处为人民着想的政府都注重保持以及维护人们的爱国情怀和道德观念，预防人们由于对于国事的漠不关心而早晚出现的灾难，它会将使个人变得孤立并将削弱政府力量的个人利益限定在一定范围之内，以避免个人无法对国家产生善意。凡是人民热爱祖国，尊重法律，生活简朴，无需做过多的管理就可以使人民幸福；在这样的公共管理体系中，机遇对于个人的影响就没有那么重要了，明智与幸福彼此贴合，甚至可以说是合而为一。

政府仅仅拥有公民以及保护公民还是远远不够的，它还必须考虑公民的生活。公意的一个明显的含义就是满足大众的需求，这是政府的第三项重要义务。我们要知道这种义务并不是要把个人的谷仓装得满满的并且要让人远离劳动，而是要保证一种供给平衡并且使劳动成为人们获取报酬的手段之一。这一义务还包括财政支出管理和公共管理方面的支出。从人的方面我们探讨了公共经济后，我们现在要从财富管理方面来讨论公共经济。

这一部分要解决和消除的困难一点也不比前一部分少。财产权是所有公民权利中最神圣的权利，在某些方面甚至比自由本身更加重要；这既是因为它对于保证生活方面具有重要的影响，也是因为较之于生命它更容易遭到掠夺，更难以保护，因此法律应该更多地关注容易遭到掠夺的事物；最后，因为财富是整个文明社会的根基，是公民承担责任的保证，所以如果财富都不能够受到个人足够的重视的话，那么人们会更容易产生逃避责任嘲讽法律的行为。另一方面可以肯定的是为了维持国家和政府的运转，会需要相关费用的支出；而要想取得一定结果就一定要采取一定的措施，所以社会成员应当从他们的财富中拿出一部分支持社会。要在一方面保护个人财富但是在另一方面又不侵犯到它是很难做到的；同时所有有关继承、遗嘱和契约的规定都不可能不对个人财产的处理做出限制，从而使财产权受到一定的束缚。

除了我前面所讲到的法律权威与个人自由所达成的协商之外，在处理财产方面还需要做一个可以解决许多困难的重要观察。正如普芬道夫所指出的，财产权天然地不能够延伸到所有者逝世之后，一旦人死去，那么其财富就不再归其个人所有。因此，规定个人在什么情况下可以处理其财产，表面上好像是在改变他所拥有的权利，实际上却是将他所拥有的权利延伸了。

　　一般来讲，虽然只有主权者对于个人处理其财产以及财产归属方面具有制定法律的权力，但是政府在应用法律时所遵循的精神是父承子继以及遵循血缘原则，以使一个家族的财富尽量少地外散以及尽量不传给外姓人。这一点是出于一个对孩子们有利的明智的原因即如果他们的父亲没有给他们留下任何财产，那么财产权对于他们来讲就毫无用处；另一方面，对于他们父亲的财富积累他们本身是贡献了自己的劳动的，所以他们本身就拥有分享父辈财富的权利。另一个不太充分但也同样十分重要的理由就是公民之间阶级和财富状况不停地改变对于共和国和整个社会的道德状况维系是致命的破坏，这种变化是无序产生的根源，它会使一切事物都陷于混乱和被破坏的状态；因为那些地位获得提升的人必将会觉得他们还注定应该享有更好的资源；然而那些地位获得上升或下降的人都很难按照他们所处的新的地位的规范原则来行事，更不会去承担他们应尽的义务。接下来让我们更进一步地探讨一下公共财政的问题。

　　假使人民实行自我管理并且在公民和国家管理部门之间没有居间机构，他们就会偶尔根据公众需要以及个人能力缴纳一定金额；由于每个人都关注着他们缴纳的钱财是如何回收以及使用的，那么在管理方面便不会出现欺诈以及滥用的行为；国家永远不会陷入沉重的债务之中，人民也不会被沉重的赋税所压垮；或者至少人民知道钱的用途，因而不会感到沉重的负担。但是事情并不会永远按照这种方式进行下去，相反，无论一个国家的面积有多么小，文明社会总是因为人口太多而无法实行全部人员参与管理。因此所有的公共款项都需要经过统治者之手，而他们所考虑的除了国家的利益之外，还有其要优先考虑的个人利益。而另一方面，当人民意识到支出所满足的与其说是公共需要不如说是统治者的贪婪与挥霍，当他们看到自己的必需供需却用来满足了他人的奢欲，他们就会产生怨言；而一旦这些怨言达到一定程度，即使是最廉洁的政府也不会再获得人民的信任了。在这种情况下，没有人会自愿缴税，而强迫人民缴纳就是违法的。于是政府在此时就面临着一个艰难的选择，或者任由国家灭亡，或者侵犯国家视为支柱的神圣的财产权，公正且精明的经济学正是面临着这种艰难的选择。

共和国的奠基者在制定法律之后所应采取的第一个措施就是筹集足够管理者以及其他官员和其他一切公共支出的开销。这项基金如果由金钱构成，那就称之为国库，如果是由土地构成，那就称之为公有土地。显而易见，后者是更可取的。凡是对这一问题进行思考的人都会赞同波丹的观点，他认为在提供国家所需的一切手段之中，公有土地是最可靠的。需要注意的是，罗穆卢斯在划分土地时，首先分出三分之一供国家使用。我承认如果管理不善，公有土地可能会颗粒无收，但管理不善并不是土地本身性质的错误。

在使用这一基金之前，应该由人民大会或者社会的各个阶层进行讨论，决定其今后应该如何使用。经过了这项令基金不可分作他用的神圣步骤之后，可以说这笔基金的性质在某种程度上就发生了改变，税收变成了一项极为神圣的事业，以至于滥用它们或者使它们的用途违背于其服务的目的，那就不仅形同于可耻的盗窃，甚至等同于叛国。如果监察官加图的正直成为不同寻常的事情或者皇帝给予一个有天赋的歌手一些奖励，要证明这些钱财是来自他的私人口袋而不是国家的公共财产，对于罗马来讲这是十分羞耻的事情。但是如果现在连加尔巴都很难找到，那我们又去哪里找加图呢？当罪恶不再令人羞耻，那么还有什么领袖会遵循谨慎的原则而不去触动他们管理的公共收入呢？他们怎么会不将那些关于其奢靡与挥霍的流言蜚语与国家的荣耀联系在一起呢？又怎么会不将扩大自己权威与增强国力的手段混为一谈呢？特别是在管理这一微妙的部分，道德是唯一有效的工具，而行政官的正直是唯一能够限制他贪婪本性的因素。审计和账簿只能够隐藏他们的欺诈行为却不能够起到揭露作用，谨慎精明的人无论想出多少预防的手段，无赖的行为都能够想出逃避的方式。所以不要去相信那些账簿和报表，而是要将财务管理放到诚实的人的手中，这是唯一能够使它得到诚信管理的方式。

公共基金一旦建立，国家的统治者自然就有权成为它的管理者，因为这项管理工作已经成为政府的组成部分之一，虽然它的重要性并不和其他工作的重要性等同，但是也是政府的本职工作之一。它的影响将会因其他资源的减少而增加；而且我们可以很公正地说，当一个政府除了金钱再没有其他资源可以维持的话，那么可以说这个政府就到了腐朽的最后一个阶段。现在因为每个政府都不断地趋向于松弛涣散，这也足够说明为什么国家除了不断地增加税收否则就无法维持自身运行了。

当政府一开始表现出需要增加税收的征兆的时候，就代表着国家已经有了失序的苗头；而一个谨慎的管理者，在他竭力寻找能够应对目前危机的资源的同时，也不会忽略去寻找产生这种新需要的原因；正如一个水手，当他发现船已经漏水的时候，在开动排水泵向外排水的同时也要去寻找漏水点并对其修补一样。

从这个准则出发可以推导出财政管理最重要的准则，那就是在多在防止需求增加方面采取措施而非一味地增加税收。因为在弊病产生之后再采取补救措施，这些措施的积极效果总是会慢于问题的产生，而且无论这些措施多么及时，终究会给国家带来一些隐患。一种弊病的针对方式刚刚被采取，另一种弊病马上就又显现了，更何况补救措施本身也会带来新的困难；所以这时政府会陷入债务危机而人民也会失去信心，政府会失去它的影响力，无论花费多少金钱都不能挽回这些消极的影响。我认为古代政府之所以能够达到许多伟大的成就就在于它们认识到了这一准则，所以更注重精打细算而不是一味地扩大收入；也许"经济学"这一词的普遍用法就是来源于此，与其说是想方设法取得你没有的金钱，不如规划管理好你已经拥有的金钱。

但是抛开公共土地不说，因为它所能为国家做出的贡献是与管理者的正直程度相关的，凡是对一般管理所能产生的全部力量具有深入认识的人，尤其是当这种管理行使于合法的手段之时，人们会惊奇于统治者无需侵犯私人利益就能够有许多办法来满足公众的需要。由于他们就是国家商业活动的管理者，再也没有一种方式比表面上不干涉商业活动却为各方提供所需而引导其走向正确的轨道更容易的了。根据时间和空间对粮食、金钱以及商品做出恰当的分配，是管理财政和增加财富的秘诀，只要那些管理财政的人能够把眼光放长远并且放弃一些眼前的表面的利益，他们就能够在将来取得更巨大的利益。当我们看到一个政府在丰收之年为了出口谷物以及在歉收之年为了进口谷物，不仅不征收关税反而给予补贴，除非这种情形真的出现在我们的眼前否则我们是无法说服自己这是真实的情景。如果这种事情发生在古代，我们会把它们当作无意义的传说。我们不妨假设，有人提议建立公共谷仓以预防歉收之年；大多数国家会不会以建立这一有用的设施为借口而征收新的税种？在日内瓦，这种谷仓是由精明的管理机构建立并维持的，在歉收之年它是公共资源，而在其他年份则是国家公共收入的来源。在谷仓建筑的正前方雕刻着利国利民的碑文。为了说明一个好的政府的经济制度，我会经常关注这个共和国的各项制度，并且我很高兴在我的祖国找到了幸福和明智的范例，我愿它能够在世界其他各国都流行开来。

如果我们思考国家的需求是如何增长的，我们就会发现其原因其实和个人所需的增长是一样的，都是因为无用的渴求不断膨胀而非真正必需的增加，而开销的增加也仅仅是为增加收入找到一个借口，所以有时候国家财政的增加并不是因为国家变得富裕了，很可能是因为国家愈发贫穷而大举借债出现的现象。统治者或许希望通过这只手从人民那里获取的利益又通过另一只手再还给人民，以使得人民更加依附于他的统治；这其实就是约瑟夫对待埃及人的政策，但是这种政治上的诡辩对于国家来讲是更为致命的，因为金钱不会再回到付出它的人的手里。这种原则只会通过勤劳者的劳动而满足懒惰者的靡费。

企图征服他人是产生这种增长趋势最危险的原因之一。这种企图往往是由和其表面所宣称的另一种喜好所引起的，其真实动机并不像表面所宣称的那样希望扩大国家的统治版图，而是希望增加军队的数量，通过战争的目的来分化大众的注意力，以此来增加自身的统治权威。

至少可以肯定的是再也没有什么人是比战胜国的人民更加饱受压迫和剥削之苦的，国家在战争中的胜利只是加重了他们的痛苦而已。如果历史不曾展现这一事实，那么理智也可以告诉我们，国家版图越扩大，它的各项开支和债务负担越沉重；因为各省都要分担政府的日常开支，此外它还要负担自身庞大的管理开支。这笔巨大的开支总是在一个地方取得而在另一个地方被花掉。生产很快便不能和消费达到平衡，而为了一个城市的富足往往会使得整个国家变得贫穷。

公共需求增长的另一个源头与前面所提到的原因密切相关。总有一天人民会认为自身无法从公共事业中获利，从而使他们放弃保护自己的国家，而此时行政官宁愿命令雇佣军也不愿意带领自由的公民；如果除此之外没有其他什么原因，等时机一到，统治者就会率领雇佣军而令自由公民臣服。当共和国后期的罗马在皇帝的统治下濒于崩溃时，就出现了这样的情形，罗马早期所取得的胜利就像亚历山大所取得的那些胜利一样，都是由勇敢的公民所取得的，他们在国家需要时会用自身的鲜血来奉献祖国，但却绝不会因为金钱而出卖自身。只是在维艾围城战争的时候，罗马军队的付饷方式得以实行。在朱古达战争中，马里乌斯将获得自由的奴隶、流浪者以及游手好闲唯利是图的小人吸收进军队中，使罗马的军队蒙羞。以取悦自己为目标的暴君是人民的公敌，他们管理军队，表面上是抵御外敌，实际上是要统治他们的国民；要成立这样一支军队，势必要将人口从他们的土地中抽离出来，而劳动力的缺乏使得作物产量减少，而为了维持军队的供给就不得不提高赋税的标准。这种混乱的情形一旦发生，人民就会怨声载道；为了镇压人民的反抗，统治者不得不扩充军队的数量，而这又导致人民遭受了更严重的苦难；人民失望的情绪越多，统治者就会变本加厉地采取预防措施。另一方面，那些以出卖自身而获得评判自身价值的雇佣军反倒以此为荣，他们藐视保护自身的法律，因为他们吃的就是同伴的面包；他们认为做恺撒的护卫比做罗马的保护者更为荣耀。由于他们信奉盲目服从，于是他们手中的刀剑总是会威胁着本国公民的咽喉，随时准备好在一声令下后展开屠杀。不难发现这就是导致罗马帝国灭亡的主要原因之一。

由于攻击和防御手段不断推陈出新，现代欧洲的国王们被迫应用正规的军队来守备要塞；但是无论他们的动机如何合法，恐怕它所带来的后果也是很严重的。现在和过去相比，并没有什么好的借口来抽调劳动力从而形成军队和驻防军，也没有什么好的借口使人民支持他们；总而言之，这种危险的建制近年来在世界各地迅速铺展开来，已经明显地威胁到欧洲人口增长，而且不久后就会给欧洲人民带来灾难。

不管怎么说，这种制度必然会破坏以公共土地为财政收入主要来源的经济体系，仅仅使国家糟糕的财政依靠补贴和税收才能够得以维持；这一点仍需讨论。

要认识到的是社会契约的根基是财产；那么首要的一点就是每个人都要平和无忧地掌控自己的财产。确实，受制于这一契约，每个人都要默认将自己的财富与社会公众需要相挂钩，但是这种义务的承担不能违背基本的法律，而且这种支出的假定前提条件就是所有的纳税人都清晰地认识到这种支出并认可它，只有都出自自愿，这种支出缴纳才是合法的；虽然它不必遵循个人意志，因为要做到每个人都满意的话，那就没有人愿意付出自己的财产了，但是它也必须遵从大多数人投票所决定的公意的意愿，要在征税方面保证合适的比例而不是强行进行主观摊派。

合法的税收制度的建立一定要经过人民或者他们代表的同意，这一点得到了包括波丹在内所有关于在民权问题方面的哲学家以及颇负盛名的法学家的认同。如果他们中有人制定出违背这一准则的法规，那么就不难看出他们这么做的特别的动机；在他们的想法中有如此之多的条件和限制，以至于最后双方讨论的是同一件事情；究竟是人民有权拒绝，或是君主无权索取，这两者对于权利来讲都是无关紧要的；假使对于问题的关注点仅仅聚焦在是否能够通过强权解决，那么探讨它合不合法就变得无关紧要了。对人民征税分为两种情况，一种是按物对商品征税，一种是按人头对人征税。这两种情况都叫作征税或者捐税，当人民确定了自己要付出的缴税总额的时候，就叫作捐税；但是当对象是某种产品的时候，就叫作征税。《论法的精神》一书中告诉我们，人头税最适合于奴隶制，而按实物征税更适合于自由的社会。如果每个人的情况都是平等的，那么这个问题就是无可争辩的，否则就没有比这样的税收制度更为不平均的了；尤其是以自由精神的视角来看待这种比例。但是如果人头税能够完全像法国均摊税种一样，完全符合个人的情况，那么它就是最公正的，也完全适合于自由的人民。

这些比例表面上刚看起来很容易理解，因为它完全是与人在这个世界上的地位息息相关的，而这种关联是人尽皆知的；但是抛开那些贪婪、欺诈和自私自利的行为，人们对于所有应该纳入计算的要素却很少进行恰当的注意。第一，我们必须注意数量的问题，在同等情况下，一个人若是拥有多于另一个人十倍的财产，就应该对国家缴纳十倍的税款。第二，我们必须注意如何使用的问题，这就是说，要区分必需品与奢侈品。一个除了日常必需品之外没有任何所求的人是不需要缴纳税费的，而对于一个财富中充斥着各类奢侈品的人来说，凡是超过他日常所需的都应该缴纳税费。但是对于这一点有些人会反对说，如果考虑阶层的话，那些对于处于低社会阶层的人来讲是奢侈品的东西对于他来讲都是必需品。但是这个观点是荒谬的，要知道贵族和牧羊人一样都是有一个肚子和两条腿的。而且那些表面上对于他的阶层是必需品的东西实际对于他来讲并不是，如果在恰当的场合放弃这些东西，他也许会获得更多人的尊重。一个大臣如果卖掉了他的交通工具并代之以步行去议会，以此来帮助国家渡过困难的时刻，他一定会获得百姓的称赞。最后，法律绝不会规定一个人应当富贵华丽，而礼仪决不能当作反对权利的借口。

　　第三种关系，也是每个人首当其冲应该考虑但是却并没有人深入思考的关系，就是每个人从社会组织中所获得的利益；社会为巨富者的财产提供了强有力的保证，而却使穷人几乎无法靠自己的双手盖起属于自己的小茅草屋。如此社会的种种好处不都是被富人和有权者所享有了吗？所有特权和豁免的权利不都是为他们预先定制的吗？公共权力不就全部代表他们的意志了吗？如果一个地位显赫的人抢劫了他的债主，或者犯了其他不可饶恕的罪行，他是不是就可以安然地被宣判为无罪？所有大人物所犯的恐吓、暴力、暗杀甚至是谋杀罪，是不是被闲置几个月后就会逐渐被人所遗忘直至不了了之？但是如果一个声名显赫的人被人劫持或者受人侮辱了，所有的警察力量都会动员起来，甚至一些偶然受到怀疑的无辜者都会受到波及。如果他要经过一条危险的道路，那么整个国家的武装力量都会动员起来保护他的安全。如果他的坐乘的车轴损坏了，那么所有人都会争先恐后地对他施以援手。如果他的大门口过于嘈杂，那么只要他稍一动口，所有人都会马上变得安静起来。如果他被人群所妨碍，那么只要他挥一挥手，所有人都会让开道路。如果他的坐乘被路边的货车所阻塞，那么他的仆人马上就会把赶车人打得头破血流，甚至五六十个在旁边安安静静的行人也会被殃及，担心他们妨碍了车里那个傲慢的无所事事的大人物的行程。而所有的这些特权甚至都不需要他花费一分钱，这就是富贵者的特权，是不需要他们用财富去换取的。而穷人的情形与之相比是多么不同，他应该获得更多的人道援助，但是社会却总是忽略他们。所有机遇的大门都对他紧闭着，即使他有权叫其打开，可是社会依旧会把他们拒之门外。即使有一天他获得了公正，他所遇到的困难也要比那些获得社会资源偏爱的人要大得多。在服兵役或者服劳役的时候，他永远都是最先被派出的；他还要负担那些被赋予特权能够免征赋税的富裕的邻居的税款。当一些灾祸降临到他的头上的时候，所有人都唯恐避之不及；当他的货车翻倒在路边，不要说他不会获得任何援助，如果他没有受到某些贵族们粗鲁的下人的鞭打就算他走运了；总之一句话，他们所需要的一切的无偿援助都会对他视为不见，因为他们没有与之相等价的财力。我看到如果一个穷人，如果他拥有一颗正直的心或者一个美丽的女儿，正巧还有一个有权势的邻居，那他简直就是糟糕透了。

另一个重要的事实是，弥补穷人的损失要比弥补富人的要困难得多，而且越是迫切地需要越是困难重重。"浮萍本无根"这句话对人生来讲和物理学的道理是一样的，钱是生钱的种子，最一开始的铜板要比后面所取得的巨额财富更难赚得。而且穷人所付出的最后都会失去并且落回到富人的手里；而且所有的税收不久或是最终都会落入那些政府人士或是他们的下属的手中，尽管他们也需要缴税，但是他们对于增加税收却抱有极大的热情。

处于财富两端的人士之间的社会契约可以总结为简短的几句话，"你需要我，因为我富而你穷，那么我们来达成一个协议。我允许你拥有为我服务的荣耀，条件是你将自己仅存的那些东西都给我，以报答我为了命令你而付出的辛劳。"

把所有这些情况都仔细地归纳起来我们就会发现，要想以一种真正公平且合适的方式来征税，那么就不能简单地以纳税人的财富比例作为唯一的征收标准，还应综合考虑他们的社会地位、财富情况以及他们财产中奢侈品所占比例等因素。这项十分重要又困难的工作每天有许多精通算数且正直的办事员在承担；这项工作的重要性就连柏拉图或者孟德斯鸠这样的人物也不会未不拥有巨大的信心之前去承担它，或者祈求上天赋予他们过人的理解力以及正直的品性。

按人头征税的另一个坏处就是它给人的感觉太强烈了或者太压迫了。因而人们不得不常常去逃避它；设法去逃避纳税要比隐瞒财产容易得多。

在一切征税方式中，按照土地或者按实物的方式对于这些注重付出税款会产生什么结果的国家来讲是最有利的，因为其对于产品的回报确实要比对关注人民的不舒适重视得多。甚至有人提出要想使农民脱离懒惰，就要加重他们的负担，如果农民不缴纳赋税，他们就永远不会工作。但是所有国家的经验都可以驳斥这种荒谬的观念。在英国和荷兰，农民会缴纳很少的税款，而在中国他们几乎不必缴纳什么，可是土地得到良好耕种的却正是这些国家。另一方面，在那些根据农民土地产量比例而规定缴税比例的国家，农民却懒于耕种或者将产出量仅仅维持在可以存活的数量即可。因此对于那些失去自己劳动果实的人来讲，什么都不做就是一种收获。对工业征税是消除懒惰的一种权宜之计。

对土地或者粮食征税，尤其是征收过高的时候，必然会出现两种致命的影响。所以，凡是建立这种税种的国家，从长远来看，无一不经历了人口锐减以及国家灭亡。

第一种影响源自于货币缺乏良好的流通，因为工商业将国家全部的金钱全部吸收进资本运行之中，而且由于赋税破坏了农民正常生活需要与他产出粮食价格之间的正常比例，金钱往往只会外流。所以城市愈富而农村愈穷。税款往往经过国王以及他的财政官的手流入工艺师以及商人处，只有极小的部分被农民获得，而农民总是缴纳着一样的税款而回报却不断地减少，这种情形不久后就会将农民榨干。一个人的身体如果只有静脉而没有动脉，或者有动脉但是血液却只流通于心脏的方寸周边，那么他将怎么维持生命呢？查尔丁告诉我们波斯皇家对商品征税是以实物缴纳的，希罗多德告知我们这种流行于本国一直可以追溯到大流士时期的做法，可以避免我们前面所提到的弊端。但是除非波斯的财政官员、监督官员、行政管理官员以及仓储管理官员不同于其他地方的这类人，我很难相信这些产品哪怕只有一小部分能够到达国王的手中，或者每个谷仓中的粮食不被损坏掉，或者大部分仓库不被烧得一干二净。

　　第二种影响来自于一种表面上的好处，它在人们意识到之前就已经加深了人民的痛苦。谷物是一种在它的生产地不会因为赋税而提高价格的商品，因为它是一种必需品，所以即使它的产量变少了价格也不会提升。所以谷物价格尽管很低，但是仍有很多人死于饥饿，农民承担所有的赋税，但是他们却不能从谷物的产出中得到回报。我们必须意识到对待土地税要和其他各类商品税采取不同的方式。因为后者可以提高价格，而且买方要比卖方承担更高的赋税责任。这些税款无论多么沉重都是出于自愿，商人是根据他购进货物的数量来缴税的，他销售多少就进多少货物，其本身是可以随意应用这一原则的。但是农民无论他能否售出都要在国家固定的时间缴纳租金，而不能等到他的商品得到他心仪的价格的时候；即使他不必因为维生而出售商品，但是为了缴税他却不得不售卖自己的产出，所以谷物价格的低廉往往是因为沉重的赋税所导致的。

　　还有一点需要注意的是工商业所获取的巨额财富不仅没有减轻赋税的负担，反而使它变得更为沉重。在这里我不想坚持一些非常明显的事实，比如：虽然一个国家金钱数量的多少会影响它在外国人眼中的信用程度，但是它却对公民真实的财产情况无益，也同样无法使公民的生活状况得到改善。但是有两个重要的观点我必须提及：第一，除非国家拥有过量的商品，它的大量财富来源于对外贸易，否则就只有商业城市才能够从中获益而农民只会变得越发贫穷；第二，提高物价都随着金钱的增多而提高，那么赋税也会与之成比例地提高。所以农民会发现自己的负担变得越发沉重，但自身却没有更多的收入来源。

值得注意的是，土地税其实是按照土地上面的产品来征税。既然大家一致同意再也没有什么是比按顾客购买谷物的价格来征税更为危险的；那么我们怎么会没有意识到由耕种者本身支付这一税种是更具危险性的事情呢？这不是使国家遭受人口不足的危害并使国家走向灭亡的手段吗？这难道不是直接破坏国家根基的一种手段吗？

在征收税款时，只有真正的政治家才会不仅仅考虑财政的因素，才能够将沉重的赋税负担变为一种有效的调节方式，甚至使人民怀疑这一制度的建立不仅仅是为了筹集钱财，而是为了保护国家的整体利益。

对本国居民钟爱但是国家却并不真正需要的进口商品征税，对国家增量不足但是国外却必须的出口商品征税，对无实际价值但是却收益颇多的工艺品征税，对纯粹的奢侈品以及所有种类的奢侈品征税，这些方式可以回答我的两个观点。这些税种可以减轻穷人的负担而将其施加于富人的身上，并且可以防止贫富不均的现象持续扩大；使许多手工业者和仆人脱离富人的奴役，减少城市中游手好闲的人以及防止农村人口不断减少。

重要的是任何商品的税收都要和它的价值成正确的比例，以防止人们受到丰厚利润的诱惑滋生贪欲而做出欺诈行为。为了防止走私，应将那些难于隐藏的商品筛选出来。一切税款都应该由购买这种商品的消费者来承担而非它的售卖者，因为税款数量可能会使售卖者受到诱惑而想方设法逃避。

中国是赋税负担沉重但是缴纳情况却比世界上任何一个地区都好的国家，它一直延续一种习俗。在这里商人几乎不需要缴纳什么税款，几乎都由买者承担，他们却从不会滋生怨言或引发叛乱；因为生活必需品例如大米或者谷物等都是完全免税的，所以普通民众并不会感到压力，而缴税的责任则落到了富人的头上。这些做法并不是为了防止走私才采取的，而是政府为了防止人民受到非法利益的引诱，因为这些非法利益会使公民品行变坏并使他们不再拥有正直的品质。

应该对穿着制服的仆人，精美的马车，豪华的家具，美艳的服饰，宽敞的庭院和花园，一切公开场合的娱乐活动，一些无用职业的从业人员例如舞者、歌者、戏子加以重税，总之一句话，所有这些带动奢靡风气，以娱乐大众和引发人们享乐主义心态的事物都应该征以重税，因为它们唯一的作用就是吸引人的眼球，如果人们不去关注它们，那么它们就将毫无价值。不必担心这些税种是强制的，因为它们只会加之于非生活必需品上。有些人会有这种想法是因为他们对于人性知之甚少，一旦他们沉溺于奢靡的生活，就绝不会再脱离它，他们宁愿千百次地放弃生活必需品，宁愿饿死也不愿意因为丢了排场而失了面子。如果能够从他们虚荣的花销中获得利润以及征收到高昂的税款，那么也可以说是增加他们开支设立这些税种的另一个理由。只要这个世界上还有富人存在，他们就想要将自身和穷人相区别，而国家也设计不出比这种根据贫富差距当作征税标准更不会加重人民负担和更能保证征收到位的税种了。

同样的理由，工业也不会因为这种经济体系而受到损害，这种体系会增加国家的收入，通过减轻农民的负担来鼓励农业的发展，以及在不知不觉间使人民的收入都能够接近作为国家中坚力量的中产阶级的收入水准。我承认这种税收制度的设立可能会使某些时尚的工艺品以及娱乐项目过早地消失；不过它不过是被另一些能够增加工艺者收入的项目所代替了，而国库也不会因此而受到损失。总而言之，如果政府始终秉持着对富人的奢侈品征税的原则，那么以下两种情形之一就会出现：或者富人会把他们过多的开支应用于有利于增加国家收入的事情上，这样的税收政策要比限制消费的法令更为有利，国家的开支会随着个人开支的减少而减少，国库的收入不仅不会减少，反而会大幅增加；或者富人依旧奢靡，那么国家的财政部门就可以对他们的花费征税并以此供国家使用。第一种情况下，国库会因为支出项目的减少而变得富裕起来；第二种情形下，国库会因为对富人奢侈的个人花费征税而变得充盈起来。

除了以上所提及的问题之外，我们还可以对政治权利进行一个重要的区分，这是一切想要对自身行为进行坚决贯彻的政府都应该注意的。我们已经说过，按照人头征税以及对生活必需品征税是直接侵犯财产权的，也是直接损害政治社会根基的行为，如果不是建立在人民以及其代表同意的基础上的话，会产生十分危险的后果。但是对于个人并不是完全必须的物品来讲，他是否需要缴税完全出于个人的意愿。在这种情形下，个人的意愿就代替了全体人民的共同意志；所以人们不会反对那些愿意缴纳特定税款的人。在我看来，只要是不违背法律，不违反道德，而政府也能够加以禁止的东西，就可以以付出一定税款的方式允许它们存在。例如，如果要禁止豪华马车的使用，就对它征税；这是一种明智的手段，虽然没有禁止这种行为，但是却通过这种方式对它加以谴责。在这种情形下，税款可以看作是一种惩罚，并且用其所得来弥补这种行为产生的弊端。

也许有人会反对我说，那些被博丹称之为"江湖骗子"的人，就是那些巧立名目征收税款的人，他们本身就属于富人阶级，不会为了减轻穷人的负担而损害自身的利益的。但是这种说法是不对的，如果每个国家的那些依主权者指令而管理人民的人都因为他的地位而变为了人民的敌人，那就用不着探讨他们应该怎样做来使得人民变得更为幸福了。